SHEHUI ZHILI SHIYUXIA
JINDU FANGAI
SICHUAN JINGYAN

社会治理视域下禁毒防艾四川经验

雷小政 编著

中国政法大学出版社

声　明　　1. 版权所有，侵权必究。
　　　　　2. 如有缺页、倒装问题，由出版社负责退换。

图书在版编目（ＣＩＰ）数据

社会治理视域下禁毒防艾"四川经验" ／ 雷小政编著. —北京：中国政法大学出版社，2024.3
ISBN 978-7-5764-1394-6

Ⅰ.①社…　Ⅱ.①雷…　Ⅲ.①禁毒－研究－四川②获得性免疫缺陷综合征－防治－研究－四川　Ⅳ.①D669.8②R512.91

中国版本图书馆CIP数据核字(2024)第058651号

出版者	中国政法大学出版社
地　址	北京市海淀区西土城路 25 号
邮　箱	fadapress@163.com
网　址	http://www.cuplpress.com (网络实名：中国政法大学出版社)
电　话	010-58908435(第一编辑部) 58908334(邮购部)
承　印	北京鑫海金澳胶印有限公司
开　本	880mm×1230mm　1/32
印　张	8.25
字　数	178 千字
版　次	2024 年 3 月第 1 版
印　次	2024 年 3 月第 1 次印刷
定　价	49.00 元

作者简介

雷小政　法学博士，博士后，湖南人，现任职北京师范大学刑事法律科学研究院，担任北京师范大学未成年人检察研究中心研究员、首都高端智库特约研究员，博士生导师；在互联网法治、少年司法、患艾儿童保护上设立多个教授工作室，兼任中国检察学研究会未成年人检察专业委员会理事、中国刑事诉讼法学研究会少年司法专业委员会委员、北京信用学会青少年诚信培养专委会主任、北京企业法律风险防控研究会常务理事；主持国家社科基金、教育部、最高人民检察院、最高人民法院、中国法学会、中国高等教育学会等多个国家级、省部级项目；出版《刑事诉讼法学方法论·导论》《法律生长与实证研究》《法律实证研究方法：场域、样本与经验》《未成年人刑事司法风险评估：场域、样本与方法》《大学生禁毒防艾通识教育》《未成年人演艺活动合规指南》等专著、参著五十余部；在《中国社会科学（英文版）》《法学研究》《法律科学》《中国刑事法杂志》《国家检察官学院学报》《学术研究》《法治日报》等核心期刊发表学术论文和随笔等近百余篇；十余篇研究报告获得有关部门采纳和领导批示。

前　言

　　党的十八大以来，四川省司法行政戒毒系统坚持以习近平新时代中国特色社会主义思想为指导，将禁毒防艾作为强化社会治理创新的关键节点，积极融入脱贫攻坚、融入社会治理、融入公共法律服务。近些年来，在四川省委省政府、司法部、四川省司法厅的领导下，在四川省禁毒委、卫健委等有关单位的帮助与支持下，四川司法行政戒毒系统依照《中华人民共和国禁毒法》（以下简称《禁毒法》）、《戒毒条例》《中华人民共和国传染病防治法》（以下简称《传染病防治法》）、《艾滋病防治条例》《四川司法行政"五年三步走"发展规划》等的规定和部署，以司法部推广的基本模式（《司法部关于建立全国统一的司法行政戒毒工作基本模式的意见》，以下简称《关于建立全国统一的司法行政戒毒工作基本模式的意见》）为基础，结合省内毒情、艾情，通过十余年探索形成了针对艾滋病戒毒人员分类管理与关怀救助的工作经验。具体而言，对艾滋病戒毒人员分类管理与关怀救助的经验探索立足于艾滋病戒毒人员的特殊性：与其他戒毒人员相比，艾滋病戒毒人员在生理、认知结构、机会性感染等方面均具有特殊状态；与其他艾滋病感染者相比，艾滋病戒毒人员往往更容易引发社会公众关于安全的担忧，也可能遭遇更为复杂、多元的污名和歧视。在"分类管理模式"下，将艾滋病戒毒人员与其他戒毒人员分开，集中在专门大队，设置专门区域进行管理，并在戒治、习艺、康复、医疗等方面保持相对独立。四川省司法行政戒毒系统不断丰富这一模式的内涵，调整管理工作的重点，形成了以安全管理为前提、以人文关爱为载体、以医疗救治为支撑、以权益维护为基础、以教育矫治为核心、以转介帮扶为延伸的艾滋病戒毒人员分类管理与关怀救助工作经验（图一）。

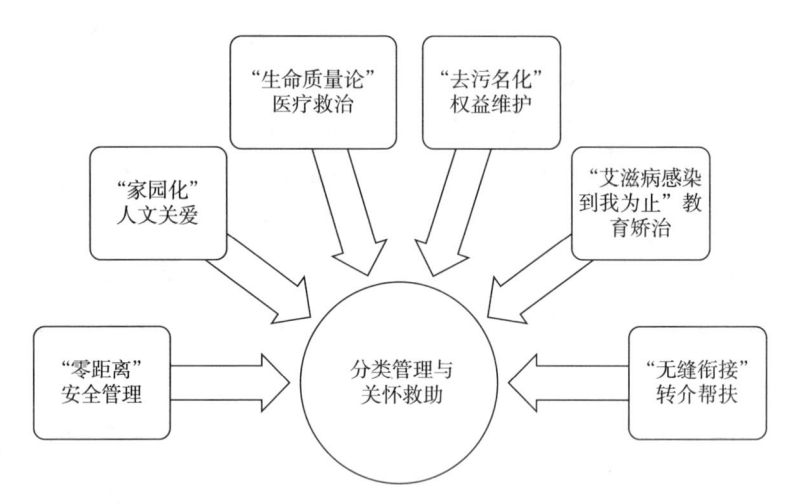

图一　分类管理与关怀救助工作经验基本框架与核心理念

一、理论与实践背景

2018年5月7日，司法部发布《关于建立全国统一的司法行政戒毒工作基本模式的意见》，提出通过2~3年的努力，建立全国统一的司法行政戒毒工作基本模式，完善戒毒系统工作标准、流程和制度，提升司法行政戒毒工作水平，此举是司法

前言

行政戒毒工作从转型到定型的重要标志。四川省司法行政戒毒系统与北京师范大学项目组全面深入合作，实证研究评估艾滋病戒毒人员分类管理与关怀救助的工作模式、主要亮点和技术指南，总结其中的创新改革机制，强化基本模式的普适性和实操性。

总结和提炼四川艾滋病戒毒人员分类管理与关怀救助的工作经验体现了四川省戒毒工作与时俱进的作风，在坚持中求发展，在深化中求创新，力图为构建"平安中国"、创新社会治理体系作出地方贡献。

（一）指导思想

四川省戒毒管理局总结和推广艾滋病戒毒人员分类管理与关怀救助的工作经验，坚持以习近平新时代中国特色社会主义思想为指导。针对禁毒工作，习近平总书记作出重要指示：各级党委和政府要坚持以人民为中心的发展思想，以对国家、对民族、对人民、对历史高度负责的态度，坚持厉行禁毒方针，打好禁毒人民战争，完善毒品治理体系，深化禁毒国际合作，推动禁毒工作不断取得新成效，为维护社会和谐稳定、保障人民安居乐业作出新的更大贡献。针对艾滋病防治，习近平总书记指出，防治艾滋病是一个复杂的医学问题，也是一个紧迫的民生问题、社会问题，要从个人健康、家庭幸福、社会和谐的角度，看待艾滋病防治工作，全民参与、全力投入、全面预防。防治艾滋，有治无类。要让每一个艾滋病感染者和病人都能感受到党和政府的关怀、感受到社会的温暖。

（二）主要目标

对艾滋病戒毒人员实施分类管理与关怀救助，其出发点与

社会治理视域下禁毒防艾"四川经验"

落脚点是"帮扶一个对象,挽救一个家庭,和谐一个社区,平安整个社会"。具体可以概括为两个主要目标:

第一,场所目标。运用医教并重、康复训练、职业培训等专业手段,帮助艾滋病戒毒人员提高生命质量,拓宽生命宽度,建立"艾滋病感染到我为止"的观念结构。提升场所管理水平,构建"和谐戒毒所"。

第二,社会目标。积极协同党政机关、公安机关、疾控部门、社区、家庭等形成社会协作与联动,实现对艾滋病戒毒人员入所、所内、出所的无缝衔接帮扶体系,达到群防群治、综合管理;积极帮助消除污名与歧视,营造"不抛弃、不放弃"的社会氛围。

(三) 典型意义

在当前禁毒防艾工作中,总结和推广艾滋病戒毒人员分类管理与关怀救助经验具有如下重要意义:

第一,具体贯彻习近平新时代国家安全观和当下"六稳六保"要求,深化社会治安综合治理法治体系,打造禁毒防艾中"微区域"的细节安全,探索实现依法管理、安全管理。

第二,结合中央政法委员会专题会议精神和工作部署,以改革完善疾病预防控制体系为契机,创新工作机制和工作方式,总结对重点地区、重点人群、重点环节协同治理的地方经验。

第三,贯彻《国家人权行动计划(2016–2020年)》中以人为本理念,以人的发展为中心,从心理、法律等层面实现对艾滋病戒毒人员这一特殊群体核心利益的精准保护,探索延长生命长度、提高生命质量、祛除污名与歧视的有效措施,提供地方经验,总结有效的制度供给。

前　言

第四，贯彻和细化司法部《关于建立全国统一的司法行政戒毒工作基本模式的意见》，结合四川省禁毒防艾工作实践，尤其是经济发展、民族构成等"地情"，通过地方经验的创新与提炼促进基本模式的升级发展，提高其普适性和实操性。

二、研究对象与方法

（一）艾滋病戒毒人员与分类管理模式

艾滋病戒毒人员是一个非常特殊的群体（图二）。他们在角色上具有多重身份，是"违法者"，也是"受害者"，还是"病人"，身上有"吸毒成瘾""不良行为"的标签，又承受着艾滋病"高死亡率""传染"的威胁。部分艾滋病戒毒人员在行为上存在高危叠加的现象，除了吸毒者的身份，还有部分是性工作者，部分是同性恋者，甚至有少部分是三重身份叠加。艾滋病戒毒人员的免疫力普遍较低，许多人同时感染肺结核、丙肝、乙肝、梅毒等传染性疾病。他们在生理、认知结构、机会性感染、社会支持等方面的特殊状态，更易引发社会关于安全的担忧，使其遭遇更为复杂、多元的污名和歧视，需要在物质、心理、法律等方面给予更有针对性、实效性的帮助。[1]

四川省司法行政戒毒系统在艾滋病戒毒人员管理中几经探索，最终在全国率先确立了"分类管理模式"：将艾滋病戒毒人员集中在专门大队，设置专门区域进行管理，在戒治、习艺、康复、医疗等方面与普通戒毒人员保持相对独立。通过"蓝莲

---

[1] 雷小政、闫姝月：《重大传染病患者涉罪的社会危险性评估与程序应对》，载《暨南学报（哲学社会科学版）》2023年第10期。

花""冰凌花"等项目提质增效,推动"分类管理模式"的改革,提高人权保障水平,在系统内外产生了较大影响。当前,四川省司法行政戒毒系统收治艾滋病戒毒人员的场所规模、学员人数等均居于全国前列。

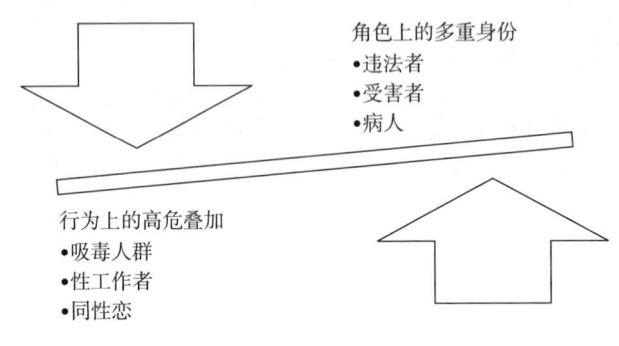

角色上的多重身份
· 违法者
· 受害者
· 病人

行为上的高危叠加
· 吸毒人群
· 性工作者
· 同性恋

图二 艾滋病戒毒人员的特殊性

(二) 实证研究方法

1. 基础理论

对艾滋病戒毒人员的管理,既要融合普通戒毒模式经验,也要进一步让以政府为核心的公共部门整合各种社会力量,广泛运用政治、法律、经济、管理的方法进行综合治理(图三)。

分类管理模式以"准确定位、分类管理高危人群"的方法回应了危机管理理论对消除公共安全无差别威胁的要求,既使感染者获利,又减轻了所有社会健康人的感染风险。根据公共经济理论与系统科学理论,禁毒防艾工作必须体现综合的系统思维,以政府为主导、全社会参与,在分类管理中形成相互衔接的框架结构和运行机制,充分整合资源,发挥保障性作用。

进行关怀救助的核心工作是依据标签理论,帮助艾滋病戒毒人员和亲友妥善应对歧视与污名。在具体操作中,利用"格式塔治疗理论"发展其人格尊严，鼓励艾滋病戒毒人员关注当前，树立正确的自我认识，获得积极的生命力量；基于"萨提亚家庭治疗理论"所强调的家庭系统对个人的巨大影响，注重对其家庭系统的修复。

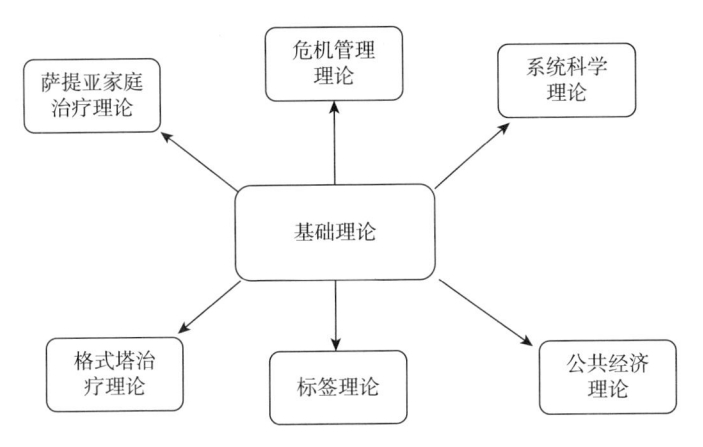

图三　艾滋病戒毒人员分类管理与关怀救助理论基础

2. 研究方法

针对艾滋病戒毒人员，项目组采取"分层随机抽样"的方法抽取男所、女所艾滋病戒毒人员，在签署《知情参与同意书》后，依据《分类管理与关怀救助经验研究访谈（学员）》逐一进行面对面结构性访谈。根据授权，对访谈进行全程录音并整理出文本资料。

针对一线工作人员，项目组设计了《分类管理与关怀救助经验研究问卷（民警）》，采用自填问卷的方法进行团体施测。就分类管理和关怀救助机制存在的问题和完善建议对大队领导、民警、辅警和医护人员等一线工作人员进行非结构性访谈。基于指标化的问题发现与效果评估，项目组对上述研究成果进行专家论证，先后调整、修订 11 稿，最终提炼出 12 条兼具特色性和推广性的工作经验。采取男所、女所专管大队成员"自评"、其他主要省份专管大队"他评"相结合的方式对经验构成的科学性进行了验证。

三、主要成效

四川省戒毒管理局设立"四川艾滋病戒毒人员分类管理与关怀救助"项目，并会同北京师范大学雷小政专家团队，提炼总结出"以安全管理为前提、以人文关爱为载体、以医疗救治为支撑、以权益维护为基础、以教育矫治为核心、以转介帮扶为延伸"的艾滋病戒毒人员管理模式，形成《四川艾滋病戒毒人员分类管理与关怀救助 12 条特色工作经验及专家论证》和《四川艾滋病戒毒人员分类管理与关怀救助技术指南》等项目成果。[1]

（1）三重保障，在安全防护中实施"零距离"管理。实施专业化"人防""物防""技防"。严格落实"五重""十个亲自"管理，根据艾滋病戒毒人员体质、病情、民族差异特点，实行分类管理；实施大数据管理，报警设备全覆盖。

（2）以人为本，打造"家园式"戒治环境。注重"安全舒适""寓教于乐"和"康复治疗"。通过环境、文娱方式、特色餐等全方位改善达到增强身体免疫力和抵抗力的目的。

（3）多管齐下，完善情感支持系统。强化家庭关怀、社会

---

[1] 参见《艾滋病戒毒人员怎样管理救助？四川给出十二条答案！》，载司法部公众号，https://mp.weixin.qq.com/s/mkaSQ82lS_hCFQWUSbOVMQ，最后访问日期：2023 年 12 月 22 日。

关怀和同伴关怀。通过"家长学校"、亲子活动、感恩教育，邀请社会各界人士和相关部门开展后续康复巩固，构建齐抓共管、关怀救助的新格局。

（4）因人制宜，开展针对性诊疗与全程性抗病毒治疗。精准掌握病情、专设治疗点位、开展针对治疗、建立专科联盟。通过定期检测，建立个人档案，制定个性化治疗方案，开辟绿色通道，创新中西医结合治疗法等提供全方位医疗保障。

（5）以预为先，强化职业暴露应急处置措施。强化制度建设、宣传培训、应急处置、关心关爱。通过制定相关制度，加强专业知识和技能培训，开辟职业暴露应急处置绿色通道，购买职业暴露保险，设置所内职业暴露基金等多渠道为职业暴露提供保障。

（6）精准保护，实现以"去污名化"为方向的权益保障。突出正面引导、坚持公正执法、强化权益保障。通过普及禁毒防艾知识，强化反污名、反歧视的宣传教育，及时告知艾滋病戒毒人员感染情况，成立艾滋病戒毒人员权益维护中心。

（7）去"恐同心理"，重视对"艾同"的针对性教育。加强针对性教育、强化自我认知、完善个人人格。通过专题讲座、团体辅导、个体访谈等方式引导他们重新认识自我生命价值，重塑社会道德规范。

（8）建立心理评估档案，实行心理危机干预。开展心理健康评估、心理健康档案、心理危机干预。通过结构性访谈对心理状况进行评估，采用观察法、访谈法、问卷法等多种方式，建立心理测评资料、个案报告等，同时强化心理危机干预，提供一对一心理咨询。

(9) 开展特色教育，践行"艾滋病感染到我为止"的承诺。构建以践行"艾滋病感染到我为止"承诺为目标的特色教育体系。完善认知结构，强化规则意识，积极构建"九项特色教育体系"，全力打造"冰凌花生命教育体系"。

(10) 无缝衔接，加强技能培训与资金支持。加强就业培训、设立帮扶基金、拓宽帮扶渠道。与四川省就业服务管理局签署战略合作协议，推动戒毒康复人员就业扶持和救助服务工作；公安机关、人社局、民政局等职能部门共同参与后续照管工作，确保生活有保障、就业有门路。

(11) 结合"三个融入"，推进"爱之家"指导站建设。融入脱贫攻坚、融入社会治理体系、融入公共法律服务。民警到禁毒防艾一线地区担任禁毒防艾专员或扶贫第一书记；建立社区戒毒（康复）指导站、"爱之家"工作站、警示教育基地、公共法律服务站、自愿戒毒门诊咨询点、社会心理服务站，集成开展禁毒防艾法律服务。

(12) 拓宽融媒体边界，打造禁毒防艾宣传矩阵。创新宣传形式、拓展宣传渠道、突出宣传重点。强化重点群体、重点节点、重点地区的禁毒防艾宣传，通过排练情景剧、微电影、微信公众号、抖音、直播等形式常态化推进禁毒防艾宣传进机关、进学校、进乡村、进社区、进企业、进单位。

本书针对12条特色工作经验进行逐条论证。每条经验内部结构如下：第一部分介绍该条经验的主要内容；第二部分探讨在该条经验下对艾滋病戒毒人员进行分类管理与关怀救助时面对的基础理论、相关争议与实践背景；第三部分介绍四川省对艾滋病戒毒人员开展分类管理与关怀救助工作时的具体操作要

前 言

点；第四部分通过定性与定量的数据对该条经验的施行效果进行验证评估；第五部分通过案例与所获得的荣誉展示四川省在对艾滋病戒毒人员进行分类管理与关怀救助过程中所取得具体成果。参与撰写本书的作者有：北京师范大学雷小政、闫姝月；北京众一公益基金会陈灿；四川省戒毒管理局刘君、刘怡杉；四川省女子强制隔离戒毒所周利；四川省资阳强制隔离戒毒所王超、李沅泽；四川省新华强制隔离戒毒所张佳丽等。四川省戒毒管理局安家爱、赵举游、丁银兵等同志对项目和书稿进行了指导。全书由雷小政统一审定。"四川经验"的提炼和发布，特别感谢中国疾病预防控制中心艾滋病首席专家邵一鸣，北京师范大学宋英辉教授、汪明教授、梁迎修教授，中国政法大学许身健教授、郭烁教授，西南财经大学兰荣杰教授，西南科技大学何显兵教授，西南民族大学周洪波教授等的指点，感谢北京、云南、广西、西藏、重庆、贵州、上海、湖南等地司法行政戒毒系统相关同志的帮助。由于能力有限，错漏在所难免，恳请多加批评指正。

雷小政
2023 年 12 月

目 录

上编　十二条经验论证

第一章　三重保障："零距离"管理　/ 3

第二章　以人为本："家园式"戒治环境　/ 11

第三章　多管齐下：多元化社会支持系统　/ 18

第四章　因人制宜：针对性诊疗与全程性抗病毒治疗　/ 25

第五章　以预为先：强化职业暴露应急处置　/ 35

第六章　精准保护："去污名化"路径探索　/ 41

第七章　平权教育：实现"去恐同心理"　/ 47

第八章　危机干预：建构心理评估体系　/ 53

第九章　特色教育：践行"艾滋病感染到我为止"　/ 61

第十章　无缝衔接：多渠道促进就业　/ 71

第十一章　"三个融入"："爱之家"指导站建设　/ 79

第十二章　宣传矩阵：拓宽融媒体边界　/ 86

中编　技术指南

说　明　/ 97

第一章　安全管理指南 / 100

第二章　人文关爱指南 / 110

第三章　医疗救治指南 / 117

第四章　权益维护指南 / 124

第五章　教育矫治指南 / 133

第六章　转介帮扶指南 / 156

下编　重点法条

中华人民共和国禁毒法 / 165

艾滋病防治条例 / 179

最高人民检察院、公安部、司法部、国家卫生和计划生育
　　委员会关于印发《监管场所艾滋病防治管理办法》的
　　通知 / 195

公安部关于对涉刑强制隔离戒毒人员剩余强制隔离戒毒期
　　限继续执行有关问题的批复 / 205

司法部关于印发《强制隔离戒毒人员教育矫治纲要》的
　　通知 / 207

司法部关于司法行政强制隔离戒毒所所务公开工作的指导
　　意见 / 216

人力资源社会保障部办公厅、国家禁毒委办公室、公安部
　　办公厅、民政部办公厅、司法部办公厅关于做好戒毒康
　　复人员就业和社会保障工作的通知 / 222

公安部、司法部、国家卫生和计划生育委员会关于印发
　　《强制隔离戒毒诊断评估办法》的通知 / 226

目 录

司法部关于印发《司法行政强制隔离戒毒所强制隔离戒毒人员行为规范》的通知 ／233

司法部关于印发《司法行政强制隔离戒毒所安全警戒工作规定》的通知 ／237

参考文献 ／241

上编
十二条经验论证

第一章　三重保障:"零距离"管理

经验内容

将专业化"人防"、精准化"物防"、现代化"技防"贯穿"零距离"管理工作始终,保证场所内外、艾滋病戒毒人员与一线民警的"双向安全",实现对管理风险的可防可控,对管理对象的无间隙的可亲可近。

每年通过"8.18戒毒场所安全警示日"在全系统内有效完成安全培训教育、安全隐患排查整治和应急处突演练等。四川省戒毒管理局编印下发《四川省司法行政戒毒系统场所安全典型案例汇编(2015-2020年)》,以"学案例、促安全"为主题引导民警牢固树立安全底线思维,提高场所应急处置能力。在提高技防层级和水平的同时,注重对警力的合理配置和工作压力疏导。

理论与实践背景

强制隔离戒毒场所是平安司法建设的重要载体。场所内的安全管理是开展所有戒治工作的前提和保障。安全管理是针对场所安全稳定、确保强制隔离戒毒人员人身安全实施的日常管

社会治理视域下禁毒防艾"四川经验"

理活动。安全管理环节涉及警戒、教育、医疗、康复训练、生活卫生、生产劳动等多项工作。安全管理流程需要交叉运用法学、政治经济学、教育学、医学、心理学、行为学、运动康复等多学科知识。其主要目标是实现"六无",即所内无戒毒人员脱逃、无非正常死亡、无所内案件、无毒品流入所内、无生产安全事故、无重大疫情。在针对艾滋病戒毒人员的分类管理中,民警、艾滋病戒毒人员及其亲友、外来人员等都是攸关安全问题的参与者。只有实现场所内每一个"微区域"的安全,才能总体实现整个场所的系统安全。

艾滋病戒毒人员本身的特殊性决定了对其安全管理的现实紧迫性和专业复杂性,需要达到"严丝合缝"的程度。他们在角色上具有多重身份,在行为上存在高危叠加现象:既是"违法者",也是"受害者",还是"病人";许多人具有"吸毒成瘾""不良与越轨""违法犯罪"的经历;有的甚至认为自己是"半死之人""将死之人",得了"超级癌症"。在艾滋病易感人群中,性工作者、同性恋群体和吸毒人群这三类高危群体往往不是孤立的,多呈现出身份重合、交叉。从近二十年关于吸毒原因的实证研究来看,毒因性正在发生结构性的变化,甚至出现了一些颠破传统因素的转换。好奇、同伴怂恿、舒缓压力、工作环境影响等染毒的门槛越来越低,涉艾的风险逐步增加。更为严峻的是,自认合法化问题[1]也较为突出。在进入场所后,如对这些诱发性、原因性因素不加循证矫正,往往会埋下

---

[1] 部分吸毒群体认为自己并没有违反社会准则,只是遵从着与主流社会不同的社会准则和价值观念。对他们来说,吸毒只是一种休闲娱乐方式,一种应酬公关手段,并未突破法律的约束。

第一章 三重保障："零距离"管理

不安全、不稳定的隐患。

好奇 40%、同伴怂恿 35%、精神空虚 30%、跟随潮流 25%、被骗 20%、治病 15%、追求享乐 10%、解乏 5%、减肥 0%、不了解毒品、显示有钱、认为自己不会上瘾、增强性功能、戒海洛因、醉酒、感染艾滋自暴自弃、工作环境影响、其他原因

—— 2002~2003年数据   ---- 2019年数据

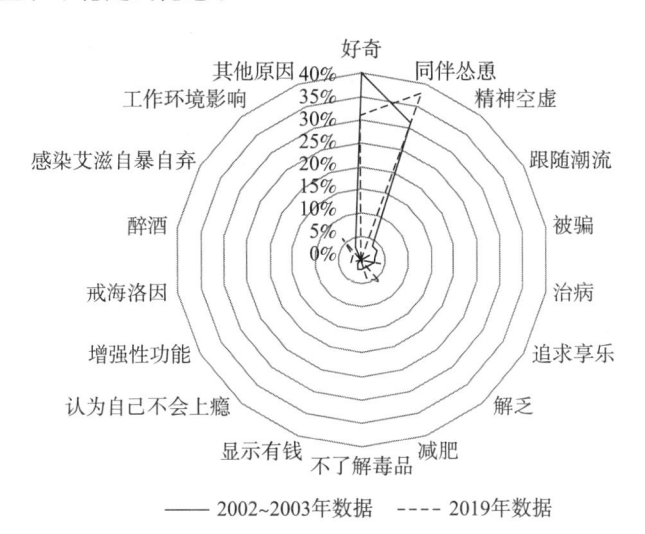

图1-1 吸毒原因的结构化变迁与艾滋病戒毒人员的特殊性[1]

艾滋病戒毒人员普遍在生理上存在免疫力低下的情况，许多人同时感染肺结核、丙肝、乙肝、梅毒等传染性疾病。这些生理、心理、认知结构、伴生疾病上的特殊性增加了场所内的不安全因素。在分类管理中，如何保障在所人员人身安全，防治交叉感染，预防职业暴露风险等是安全管理工作的重点和难点。

具体操作要点

保障管理场所安全稳定，人防是根本，物防是基础，技防

---

[1] 2002-2003年数据来源于李双其：《福建省吸毒者吸毒原因调查报告——基于对240名吸毒者的全面调研》，载《中国刑事法杂志》2004年第1期。2019年数据来源于"四川艾滋病戒毒人员分类管理与关怀救助工作经验"项目调研四川省资阳强制隔离戒毒所、四川省女子强制隔离戒毒所50名艾滋病戒毒人员访谈。

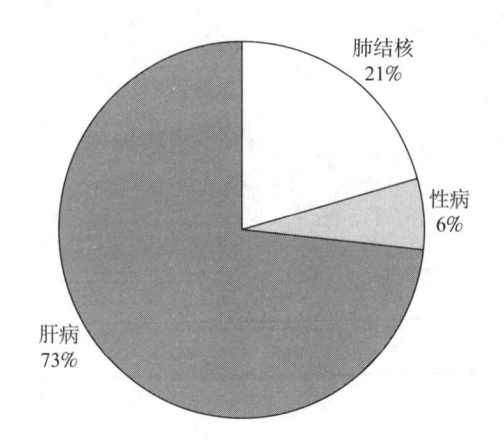

图1-2 四川省资阳强制隔离戒毒所艾滋病戒毒人员"关联"传染性疾病统计图

（肺结核 21%，性病 6%，肝病 73%）

是依托。根据系统论，把人防、物防、技防作为一个相互关联、相互作用的有机整体，改善工作流程与结构，协同配合，整体推进。

针对艾滋病戒毒人员体质差、病情复杂、多民族共同收治的特点，对同民族、同区域的人员进行分类管理，以减少人际冲突和适应障碍；针对同性恋群体，实行分区分楼分舍的管理模式；针对艾滋病、肺结核双感染戒毒人员的病情，区分高危级、危险级、普通级，设置隔离区域、隔离舍房、隔离餐桌，严防传染事件。

针对学习、康复、习艺、生活四大现场及其中的各个戒治环节，针对重要时段、重点部位，严格实施亲自组织戒毒人员起床、就寝，亲自组织戒毒人员点名、巡查，亲自组织戒毒人员出操、训练，亲自组织戒毒人员派工、劳动，亲自组织戒毒人员学习、上课，亲自组织戒毒人员开饭、就餐，亲自组织戒毒人员活动、娱乐,亲自组织戒毒人员考核、评比,亲自组织戒毒人员就医、休息,亲自处理戒毒人员矛盾、纠纷等"十个亲自"管理。以安全防护为前提,民警亲自管理以"零距离"为要求,确保艾滋病戒毒人员遇到情况能够及时找到民警。

严守安全与稳定红线,防微杜渐,对脱逃、自伤自残自杀、故意伤害、寻衅滋事等突发情况制定处置方案及采取必要的防范、保护性约束措施。针对突发情况,要求民警"第一时间"到达"第一现场",做到"第一执法"。

针对言行举止影响所内人员安全与生命健康的艾滋病戒毒人员进行风险研判,根据风险系数实施相应管理。针对每一名艾滋病戒毒人员入所前、入所后的戒治情况,出所后转介衔接情况,后续照管情况等做到"信息全面掌握",进行全程精准化管理。逐人建立"静态、动态跟踪管理信息表",内容涵盖其静态、动态风险信息(如有无从军从警经历、违法犯罪情况、接受帮教情况、就医住院情况、强戒次数、艾滋病感染年限与感染途径情况、变更信息情况、身份信息台账等)。实施周安全检查、周研讨、日研判制度。每周进行尿液抽检等周安全检查活动,防止违禁品、违规品、毒品流入;每周召开队务会对其思想、病情、戒治秩序、安全设施等进行综合研讨分析,查漏补缺,防止所内安全事件;每日由值班领导、值班民警牵头,就大队今日戒治情况、重点人员、重点病员、安全设施等情况向全队民警进行梳理和研判,总结每日安全管理得失。

依托四川司法行政戒毒系统智慧戒毒场所的建设,通过"四川省智慧戒毒综合管理平台"实施大数据管理,实现音视频监控全覆盖、报警设备全覆盖、电子装置定位全覆盖。根据区域建立警戒传感器并联动应急指挥中心,如有越线,瞬间自动报警。专管大队基于最高警戒等级的需要,配备金属探测仪、保护性约束服、防职业暴露用品包、防沾染隔离服、防护服、抗化学品手套、护目镜、防护口罩等安全装备。配备警用伸缩棍、警用防爆盾牌、警用约束器、警用手电、警用电击棒、警用辣椒喷雾器、警用防刺手套、对讲机、手铐等警械装备。在生活区域门、窗、墙角及走廊双侧和拐角处安装防碰撞措施。

定期开展安全与稳定教育、遵规守纪服从管理教育、法律常识教育。强化针对脱逃、自伤自残自杀、故意伤害、寻衅滋事、恶意传播等安全事故的预防教育,宣讲安全事故的法律后果。2017年以来,四川省戒毒管理局坚持每年在全系统开展"8.18戒毒场所安全警示日"活动,积极开展安全培训教育、安全隐患排查整治和应急处突演练等。以"学案例、促安全"为主题开展安全警示教育。2020年,四川省戒毒管理局编印下发了《四川省司法行政戒毒系统场所安全典型案例汇编(2015－2020年)》,做到全系统民警、辅警人手一本。

效果评估

项目组对安全管理进行定量评估时发现,自四川省资阳强制隔离戒毒所、四川省女子强制隔离戒毒所收治艾滋病戒毒人员至今的10余年以来,艾滋病专管大队坚守了"六无"安全底线,实现了所内安全目标。根据现有统计指标,两所的出所人员中未发生任何一起恶意报复社会、恶意传播艾滋病事件,实现了外部安全目标。

项目组针对"三重保障,在安全防护中实施'零距离'管理"是否属于四川有特色的工作经验,对四川省女子强制隔离戒毒所、四川省资阳强制隔离戒毒所所有参与艾滋病戒毒人员工作的一线人员实施自评(根据"满意度"设置0~10分区间)。问卷统计结果显示,前者自评平均分为7.74,后者自评平均分为8.81。

典型案例

案例1:邓某某自杀干预与应急管理事件。2020年8月12日19时15分,四川省资阳强制隔离戒毒所按照安全制度例行开展周排查活动。专管大队民警在排查安全隐患工作时,在艾滋病戒毒人员邓某某床垫下排查出打成死结并缠绕成环形绳索状的备用床单,民警意识到存在极大安全隐患。此物系邓某某故意藏匿。其因无法接受感染艾滋病的现实,而且深受病痛与心理的双重折磨,再加上与家人的沟通出现障碍,觉得自己成了整个家族的沉重负担,因此计划通过自杀"一了百了"。

四川省资阳强制隔离戒毒所立即启动安全管理应急机制。通过所政管理科、教育矫正中心、心理矫治中心和专管大队等多部门的联动,综合运用心理危机干预技术,结合医疗救治、生命教育、亲情教育等措施,宽慰其心,共情其苦,伴其左右,终于帮助邓某某走出了自杀的负面情绪和心理危机。事后,其对民警坦陈:"我想通了,不会再做傻事了。"

邓某某自杀干预与应急管理事件是艾滋病戒毒人员安全管理的一个缩影。其中,成功处置的关键在于所内较为完善的安全排查机制和专管大队民警在安全工作上高度的敏锐性、强烈的责任心。邓某某自杀干预与应急管理事件延伸出的管理经验被司法部戒毒管理局编印为典型案例，并下发系统内各场所参考借鉴。

案例2：**安全管理英雄模范雷虎事迹**。安全管理工作一直是四川省戒毒系统的重点工作。在此岗位上，涌现出一大批敢于作为、敢于奉献的民警。其中，雷虎同志就是一位杰出代表。雷虎同志在安全警戒护卫大队工作岗位上，勤奋敬业、每天带队巡逻，足迹遍布场所每个角落。他刻苦钻研场所安全管理策略，开拓创新，率先提出"将言行异常人员集中分别管理"的策略，在全系统成立"言行异常人员专管大队"。他先后发现和处置各种隐患100余件，参与管理的2600余名戒毒人员没有发生过违规事件，为场所安全筑起了"铜墙铁壁"。新冠疫情期间，他以战时纪律、铁规禁令牢牢守住戒毒所AB门的最后一道防线，全方位把疫情防控措施逐一落实，为场所实现疫情"零输入""零感染"目标作出了突出贡献。在连续封闭值勤的50多天里，他不顾身体疲劳，连续奋战。2020年4月10日，在执行疫情防控任务时，雷虎同志突发心肌梗塞抢救无效，不幸去世，年仅48岁。雷虎同志被司法部追授"全国司法行政二级英雄模范"称号。

第二章　以人为本:"家园式"戒治环境

经验内容

> 摒弃监禁化的传统思维,实行"家园式"管理。秉承"依法、关爱、矫治、更生"的理念,注重依法管理与人文关爱相结合。
>
> 基于地方特色(西南民居风格)的院落式设计风格打造宜居的生活环境;为防止场所内交叉感染采取专人专用生活用品,严格落实消毒制度,提供卫生的戒治环境;配备区分使用的生活区域、文娱场所,帮助减轻戒治压力;为参加抗病毒治疗的艾滋病戒毒人员提供营养餐以帮助其身体康复;针对不同少数民族的饮食习惯制作民族餐;所内提供资金对"有困难人员"制定专门的帮扶计划,根据需求发放防寒保暖用品、防暑降温用品、救济金等。

理论与实践背景

艾滋病病毒入侵人体后,会破坏人体的细胞免疫功能,使患者的抵抗力降低。由于免疫力普遍低下,许多艾滋病戒毒人

社会治理视域下禁毒防艾"四川经验"

员同时感染了肺结核、丙肝、乙肝、梅毒等传染性疾病。多种病原体的侵袭，容易造成机会性感染。这些病原体对正常人致病性很低，但对艾滋病戒毒人员则可危及生命。在国际上，有批评意见指出，强制性拘禁戒毒和康复中心存在较为严峻的人权问题，并且威胁着艾滋病戒毒人员的身心健康，尤其是增加了相互之间的交叉性感染的风险，对其造成了更大的心理压力。2012年3月，联合国12个机构发布联合声明，呼吁开办强制性拘禁戒毒和康复中心的国家，立即关闭强制戒毒和康复中心。项目组认为，对艾滋病戒毒人员的管理措施与关怀救助，需要结合一个国家的自身状况和这一特殊人群的现实需求，由此才能发挥应有的功能。在我国当前毒品违法犯罪形势和艾滋病疾病高发的情况下，对于符合强制隔离条件的艾滋病戒毒人员而言，"分类管理"模式依旧是一个现实而合理的措施，也是实现其人权保障的优化选择。

近些年来，我国大力推进戒毒模式改革，强化人权理念、服务理念，改进管理方式，以满足艾滋病戒毒人员的真实利益需求。我国也制定了一系列以人文关爱为指向的规范性文件。如2018年司法部《关于建立全国统一的司法行政戒毒工作基本模式的意见》，要求强化树立以人为本的理念，注重戒毒人员三重身份，改变过去"重管理、轻戒毒，重安全、轻矫治"的陈旧理念，坚持"惩戒打击、人文关怀、治病救人"相结合的思想，树牢教育矫治主业地位。以尊重艾滋病戒毒人员的真实需求为方向，四川省司法行政戒毒系统积极推动现有的强制隔离戒毒所转型升级，除了法律法规规定的关怀救助外，还运行了一系列基于人文主义的关爱措施。

具体操作要点

将人文关怀全程贯穿于分类管理工作。重点营造"不歧视、不抛弃、不放弃"理念,为艾滋病戒毒人员创造良好的生活环境和人文氛围。

精细构建特殊化生活环境。在艾滋病戒毒人员居住环境上,区别于普通戒毒人员的楼层式双人上下铁床,让其居住在具有西南民居风格的院落式建筑中,而且每人配置木质单人床,并对棱角等进行处理,以防碰伤出血和跌落。院落中划分生活区域,满足日常衣物晾晒、就餐、文娱活动等需求。

为每一名艾滋病戒毒人员配发专用的生活用品和理发用品,防止血液交叉感染。

考虑到不少艾滋病戒毒人员属于少数民族,针对各民族生活信仰和习惯提供专门的民族餐。针对凉山州籍贯艾滋病戒毒人员,专管大队每年在火把节举办相关文娱活动。

对参加抗病毒维持治疗的艾滋病戒毒人员提供营养餐以调剂营养,同时对其发放营养补助。对艾滋病戒毒人员病员提供病员餐以帮助其身体康复。四川省资阳强制隔离戒毒所成立"互助基金",用于帮助生活困难的艾滋病戒毒人员。

表1 艾滋病戒毒人员食物量保障和营养比例

(单位为:公斤/月)

序号	食物名称	男性	女性	备注
1	粮食	15~25	12~20	
2	蔬菜	18~26		

续表

序号	食物名称	男性	女性	备注
3	食用油	0.75~1		
4	肉食	1.5~2.5		
5	蛋鱼虾	1.5~2.5		
6	豆制品	1~1.5		选择提供一项
7	奶制品	3		
8	调味品	适量		
占比图	男性每人每月食物量（粮食、蔬菜、食用油、蛋鱼虾、豆制品、奶制品、肉食）		女性每人每月食物量（粮食、蔬菜、食用油、蛋鱼虾、豆制品、奶制品、肉食）	

表2 艾滋病戒毒专管大队每日食谱制作原则

食物种类	营养功效	原则
粮食和薯类	提供碳水化合物和能量及能量代谢相关的维生素B等	对于消化系统功能正常的HIV感染者，在保证能量摄入的基础上适当多选择粗杂粮和薯类，以预防维生素B和微量元素的缺乏。
		对于消化系统功能受损及腹泻的HIV感染者，应适当减少摄入难以消化的粗杂粮和易胀气的薯类食品。
		对于不选择或很少选择粗杂粮和薯类食物的HIV感染者，需要重视预防维生素B的营养缺乏，应根据摄入不足情况合理补充。

第二章 以人为本:"家园式"戒治环境

续表

食物种类	营养功效	原则
蔬菜、水果	提供机体所必需的水溶性维生素、无机盐和微量元素,并提供对人体有益的具有一定保健作用的植物化学素	对于消化系统功能正常的HIV感染者,蔬菜烹制方法多选用凉拌、炒、煮、烩,少选择油炸和腌制。
		对于消化系统功能受损及腹泻的HIV感染者,蔬菜水果摄入数量适当减少,尤其减少摄入富含粗纤维难以消化的蔬菜水果。
		对于减少摄入蔬菜水果的HIV感染者需要预防水溶性维生素尤其是维生素C的营养缺乏,应根据摄入不足情况合理补充。
奶、蛋和豆类食物	为机体提供优质蛋白质和矿物质钙等	蛋白质营养缺乏和消耗增加的HIV感染者适当增加摄入量,但需要重视和能量摄入的平衡。
		对于胃肠道功能受损和腹泻的HIV感染者,适当多选择煮鸡蛋、鸡蛋羹和酸奶。
		对于血脂异常的HIV感染者,适当多选择豆类食品、去脂牛奶和酸奶。
肉、鱼类食物	为机体提供动物性优质蛋白质和维生素A、叶酸、锌等必需营养素	对于胃肠道功能受损和腹泻的HIV感染者适当多选择相对易消化吸收的鸡肉和鱼,而且加工应精细少油。
		对于血脂异常的HIV感染者多选择鱼类,少选择肉类。
		对于蛋白质营养缺乏和消耗增加的HIV感染者,需要在胃肠道功能能够耐受的条件下合理增加肉、鱼类摄入量。

续表

食物种类	营养功效	原则
油脂类食物	提供脂肪和能量以及脂溶性维生素E	HIV感染者需要控制油煎、油炸等多油食物的摄入。
盐、水		正常状态下，建议HIV感染者的每日饮水量不少于1200ml，盐摄入量6g以下。在发热、腹泻等丢失量增加的状态下需要根据水丢失量和电解质缺乏情况进行合理补充。

效果评估

对于该经验内容是否属于典型的四川特色工作经验，四川省资阳强制隔离戒毒所自评平均分为8.93，四川省女子强制隔离戒毒所自评平均分为8.47。

项目组认为，艾滋病戒毒人员的交叉性感染问题是强制化分类管理的重点关注内容。根据内部数据统计，截至2020年，四川司法行政戒毒系统在收治艾滋病戒毒人员以来，未发生一起所内艾滋病传染和艾滋病人之间的交叉感染事件。

项目组针对四川省资阳强制戒毒所、四川省女子强制隔离戒毒所"服务理念状况"方面的建设状况，以50名一线工作人员作为样本进行团体施测，选择"满意"的比率为92.6%；选择"不满意"的比率为7.4%。在针对艾滋病戒毒人员的面对面结构化访谈中，受访对象均表示，场所管理体现了人性化关怀。

第二章 以人为本:"家园式"戒治环境

典型案例

案例:一场温馨的生日庆祝会。艾滋病感染者陈某,吸毒十余年感染艾滋病,而且肺部、肝部受到严重感染。2018年11月19日,陈某入所并在第二天入院治疗。当时他身高1.73米,但体重仅90斤。在心理评估中发现,他对生命失去了信心。得知入院当天是陈某36岁生日,李医生联系了专管大队,按常规为其定制了生日蛋糕。与陈某同一寝室的"家庭"成员们也为其精心制作了生日贺卡。当晚,李医生、大队主管警官与护士在医院为陈某举办了一个小型生日庆祝会。陈某非常感动,哭着说:"警官、医生比自己的父母还好。"在李医生等人的精心照料下,陈某在住院3个月后,体重增加到110斤。

第三章　多管齐下：多元化社会支持系统

经验内容

> 通过实施针对性的情感关怀，为艾滋病戒毒人员提供更高层次的、更广范围的关心与爱护措施，完善由所内向所外延伸的情感支持系统。
>
> 通过远程视频探视系统，加强艾滋病戒毒人员与亲友的联络和沟通；针对艾滋病戒毒人员的情感需求，不定期开展"家长学校"活动，帮助艾滋病戒毒人员修复家庭关系；基于关怀伦理，帮助女性艾滋病戒毒人员强化亲子沟通，并协调社区、学校等解决其家庭存在的具体困难。
>
> 加强同伴教育，开通笔友沟通等渠道，畅通跨所联系，正面引导异性艾滋病戒毒人员之间的情感交流。

理论与实践背景

对于艾滋病戒毒人员而言，恢复其社会支持系统是一项复杂而又事无巨细的工作。一个无法回避的矛盾是：在"分类管理"模式下，虽没有原来"劳教时代"中"高墙"与"电网"

第三章 多管齐下：多元化社会支持系统

的强制化，但与其亲友之间仍然存在客观的物理空间的隔绝。同时，许多艾滋病戒毒人员家庭本身存在亲情淡薄、情感缺失等因素，这也是其染毒、涉艾的重要原因之一。有的人员在染毒、涉艾之后导致亲情关系名存实亡、婚姻关系破裂、家庭内部歧视丛生、家庭经济状况"雪上加霜"……在戒治过程中，近亲属、离异后的原配偶、恋人知己等"亲友"都可能对艾滋病戒毒人员的心理状况产生重要影响。其关系修复的情况和介入程度往往与教育矫治的效果成正比。在项目组访谈中，绝大多数受访对象也明确表示，自己在所内最为挂念的是"家人""爱人、恋人""亲朋好友"。因此，艾滋病戒毒人员的社会支持系统能否恢复，尤其是亲友关系能否修复，以及能否帮助他们针对自身情形进行适应性调整甚至重新构建社会支持关系，是衡量司法行政戒毒系统分类管理与关怀救助效果的一个重要指标。

在实践中，如何重新构建艾滋病戒毒人员的社会支持系统存在着较大争议。理想状态下，通过调动制度性资源和情感性资源对艾滋病戒毒人员进行人文关怀，尤其是对曾经遭遇过离异、丧偶、丧子等情形的一些艾滋病戒毒人员而言，能有效提升其回归社会的实质能力。但是，许多艾滋病戒毒人员身上被一些"亲友"贴上"违法者""传染病"的标签，并带来更为复杂的污名与歧视，使其往往难以重新融入社会。

在亲友关系修复难题中，具体可以婚姻关系为例。有传统观念认为，基于其"传染性""有害性"，应当将艾滋病感染者隔离在婚姻生活之外，鼓励其恋爱和婚姻可能刺激不洁性生活和疾病传播发生率。果真如此吗？法国哲学家和社会思想家米歇尔·福柯曾在刑罚史研究中非常严肃地反思在"规训社会"

中运行的"瘟疫模式"及其背后的思维方式,认为歧视和隔离是反人性、反文明的:"它首先是在个人(或一群人)和另一个人(或一群人)之间严格的区分、拉开的距离和不接触的规则。另一方面,是将这些人扔到外边混杂的世界中去,在城墙之外,在社区的界限之外。因此建构了两个相互隔膜的群体。那些被扔出去的群体在严格的意义上被扔到外面的黑暗之中。"实际上,许多艾滋病感染者经过有效治疗,其危险程度和传染几率远远低于社会认知。根据经济学的"外部性"理论和伦理学观点,我们应当基于"无害性"预设。鼓励并引导艾滋病感染者之间交友,甚至确立恋爱、婚姻关系。这在客观上可以解决其相互的情感支持问题,而且对社会大众而言也会大大降低其可能存在的对外传播风险。相较于其他的恋爱婚姻,他们经历过相似的痛苦,更能感受到彼此间的真实需求,甚至有可能收获比一般婚姻更为幸福的慰藉。目前,全国许多戒毒所都在尝试跨所或所内的两性情感支持计划。它们是否有利于提升艾滋病戒毒人员在亲友关系层面的获得感?相关的污名和歧视是否得以实质减少?对此,项目组进行了专门评估。

具体操作要点

基于关怀伦理的循证性帮助在四川司法行政戒毒系统屡见不鲜,其最大的好处是,与传统的"大水漫灌式"情感输送相比,实现了对艾滋病戒毒人员情感支持的"精准滴灌"。

2018年9月,"四川司法行政戒毒远程视频会见系统"在"爱之家"禁毒防艾法律服务站——凉山(布托县)工作站开通后,又在昭觉县、美姑县、金阳县、喜德县4个"爱之家"

第三章 多管齐下：多元化社会支持系统

工作站开通该系统。戒毒人员亲属只要提前申报，就能轻松实现远程探视。目前，远程视频会见系统已帮助700余名戒毒人员与亲属视频会见，其中艾滋病戒毒人员有100余名。

为进一步完善家庭支持系统，充分发挥亲情在戒治中的作用，四川省资阳强制隔离戒毒所各大队都会分别举办不同主题的戒毒人员"家长学校"。其主要功能是帮助戒毒人员家长了解戒毒知识、了解戒毒的长期性和艰巨性、掌握帮助亲人抗复吸技巧，引导戒毒人员与家庭成员构建良好的亲情关系。针对艾滋病戒毒人员，更加注重引导家长对禁毒防艾的理解和支持，帮助其了解抗病毒治疗的基本知识，共同提升艾滋病戒毒人员的生命质量。[1]

图3-1 "四川司法行政戒毒远程视频会见系统"实例

---

〔1〕 雷小政、闫姝月：《患重大疾病未成年人监护问题的规范路径》，载《学术研究》2024年第1期。

表3 四川省资阳强制隔离戒毒所2019年"家长学校"开展情况

大队	日期	主题
十大队	2019.1.8	无毒有你,呼唤真情
一大队	2019.1.11	传统养生话戒治,亲情戒毒奔新生
六大队	2019.6.20	回报亲恩
十大队	2019.8.14	家人团聚助戒毒,亲情帮教促百安
四大队	2019.11.28	关爱帮教学感恩,亲情聚力促戒毒
二大队	2019.12.3	宪法进万家

每一期"家长学校"的活动都不尽相同。有的主要通过带领家属深入参观,并由民警向家属介绍心理矫治、课堂教学以及职业培训等方面的内容,让家属了解"四区五中心"模式;有的主要带领家属参观习艺车间,向家属详细介绍、讲解整个习艺流程,答疑解惑,使其进一步了解场所内的戒治生活,消除顾虑和担忧;有的主要通过表演韵律操、太极扇等康复训练的内容,向家属展示戒治成果;还有的邀请结对的村(居)委会、社区的党员干部和社会爱心人士参与,推动禁毒防艾工作向社会延伸。形式多样的"家长学校"活动增强了戒治的决心,实现了亲情帮教全覆盖,同时提升了司法行政戒毒工作的社会认识度和社会满意度。

四川省女子强制隔离戒毒所每半年统计一次艾滋病戒毒人员是否存在子女生活、就学存在困难的情况。民警采取实地走访的方式,前往艾滋病戒毒人员家庭或者子女学校准确评估其具体困难,为其提供精准帮助。对子女确实有就学困难的,联系学校或者当地教育主管部门为其减免学杂费。对走访过程中有子女提出有情感交流需求的，通过视频拍摄等方式让艾滋病戒毒人员与其子女进行沟通。

考虑到许多艾滋病戒毒人员存在情感孤单化、自我边缘化问题，四川省女子强制隔离戒毒所（地处德阳市）与四川省资阳强制隔离戒毒所（地处资阳市）的艾滋病专管大队为男女艾滋病戒毒人员建立起书信沟通渠道，提供情感交流平台。在书信交流过程中，注意进行正面的友谊观、婚恋观引导。

效果评估

针对"多管齐下，完善社会支持系统"是否属于四川特色工作经验，项目组对四川省女子强制隔离戒毒所、四川省资阳强制隔离戒毒所一线工作人员发放了自评问卷（0~10分）。结果显示，前者自评平均分为8.71，后者自评平均分为9.17。

在对艾滋病戒毒人员的访谈中，许多受访对象认为，除了亲情电话、笔友活动令其受益匪浅外，民警针对特殊情形、特殊人员灵活使用的视频通话更是温暖人心。例如，谭某在访谈中指出，其在入所后的很长一段时间内都承受着巨大的心理压力，既有对家庭的愧疚，又有对孩子的牵挂，因此常常闷闷不乐。有一天，在她过生日时，民警通过手机视频让她和家人取得了联系，并得到了来自孩子的生日祝福。这次视频通话让她深受感动，几乎一扫入所后的心理阴霾，她决定为了孩子也要在所内好好戒治，争取早日回家。

典型案例

案例：从"笔友"迈向婚姻的跨所情缘。 艾滋病戒毒人员

社会治理视域下禁毒防艾"四川经验"

何某因为丈夫与最好的闺蜜发生婚外情,受到了巨大的心理打击。与丈夫离婚后,因为始终不能接受这一事实,何某走上吸毒的道路并不幸感染艾滋病。入所后,本就对婚姻产生悲观情绪的何某对自己的情感生活更加绝望:年近40岁、离过婚、感染艾滋病,这些因素让她觉得这辈子与婚姻是绝缘了。这个世界上,还有谁愿意和她这样一个人在一起呢?恐怕自己以后只能孤独终老。何某每天都过得郁郁寡欢、浑浑噩噩。

  专管大队民警在得知何某的情况后,结合婚恋心理辅导,与她敞开心扉沟通,知道了她内心的真实想法后,建议她交一"笔友"。之后,何某开始试着与资阳所一名艾滋病戒毒人员李某进行书信沟通。在交往的过程中,何某与李某畅聊人生点滴,吸毒路上的苦楚,染病后的磨难,相似的经历使他们越聊越近。他们也常常互相鼓励对方要好好戒毒和接受抗病毒治疗,出去好好生活。以往对生活失去希望的何某慢慢变得开朗起来。何某与李某的书信沟通一直保持到出所。在出所后,两人开始谈恋爱。目前,他们已经结婚并且共同经营了一家超市,生活逐渐走上了正轨。

第四章　因人制宜：针对性诊疗与全程性抗病毒治疗

经验内容

> 因人制宜，开展针对性诊疗与全程性抗病毒治疗：鉴于艾滋病戒毒人员免疫力低下和机会性感染风险较大，结合"医联体"建设，坚持及时、全面的诊疗思维，避免遗漏病情症状。对所内因病就诊的艾滋病戒毒人员确立优先检查原则。经所内检查仍诊断不明的、治疗效果差的，优先安排离所就医、住院治疗。
>
> 建立抗病毒治疗个人档案。定期进行 $CD4^+T$ 淋巴细胞检测、艾滋病病毒载量检测，准确掌握艾滋病戒毒人员健康状况。积极沟通抗病毒治疗定点医疗机构、疾控部门，及时转诊，定期随访。

理论与实践背景

近些年来，我国在艾滋病人医疗救治方面出台了一系列的法律法规，要求戒毒机构、司法机关、疾控中心等部门均要重

社会治理视域下禁毒防艾"四川经验"

视对这部分人群的医疗救治。2015年10月14日印发的《国家禁毒委员会办公室、公安部、卫生计生委等关于加强病残吸毒人员收治工作的意见》指出，各级部门要根据收治吸毒人员的实际需要，在现有强制隔离戒毒所开辟专门区域，用于收治病残吸毒人员。强制隔离戒毒所要加强医疗卫生服务能力建设，配齐必要的医疗卫生设备，利用社会医疗资源，提升戒毒医疗服务能力。2019年修订的《艾滋病防治条例》第31条第1款规定，公安、司法行政机关对被依法逮捕、拘留和在监狱中执行刑罚以及被依法收容教育、强制戒毒和劳动教养的艾滋病病毒感染者和艾滋病病人，应当采取相应的防治措施，防止艾滋病传播。

当前，对艾滋病戒毒人员进行专门性诊疗时，在医护资源配置、城乡医保保障、参与生产劳动等方面存在各地发展不平衡的情形。有些艾滋病戒毒人员不愿意接受抗病毒治疗而且担心会对身体产生副作用，并认为自己是"半死之人，将死之人"。根据实质平等理念和社会权理论，利益分配要倾斜于处于不利地位的人们，才能实现真正的公平和正义，艾滋病戒毒人员有权请求国家积极保障其生命质量。

在艾滋病戒毒人员回归社会时，许多社会公众对其抗病毒治疗的效果仍然存在偏见与无知。如受一些传统观念影响，许多人认为艾滋病人、同性恋或吸毒者等随时随地带有"极强传染性"的病毒源，不知道艾滋病经过治疗可达到"检测不出""不具备传染性"的水平。根据实操标准，当血液中艾滋病毒的数量低于50 copies/ml时，仪器检测无法测出血液中的"艾滋病毒"；当低于20 copies/ml时，艾滋病戒毒人员出所后可以正常结婚生子，即使发生"不洁性行为"，也不会传播病毒。近些年

第四章　因人制宜：针对性诊疗与全程性抗病毒治疗

来，许多司法行政戒毒系统积极沟通抗病毒治疗定点医疗机构、疾控部门，对艾滋病戒毒人员开展中西医结合的抗病毒治疗，为其提供了全面的医疗救治。

具体操作要点

专设艾滋病抗病毒治疗点。戒毒场所积极寻求属地政府、卫生健康部门、疾病预防与控制部门的支持，设立了场所内的艾滋病抗病毒治疗点。在疾控部门的指导下，独立开展艾滋病抗病毒的治疗、随访和报送，疾控部门会定期进所指导和督导，使艾滋病抗病毒治疗更迅速、更及时、更有效。

设置传统毒品脱毒室、新型毒品脱毒室、混合毒品脱毒室，根据个体情况制定生理脱毒方案。一旦确诊 HIV 感染，无论 $CD4^+T$ 淋巴细胞水平高低，经艾滋病人员同意立即开始治疗。在抗病毒治疗前进行体检，拟定治疗方案，建立抗病毒治疗个人档案。联系当地抗病毒治疗定点医疗机构或疾控部门，领取和发放抗病毒药物，并指导艾滋病人员服药，落实参加抗病毒治疗的艾滋病人员的定期随访。对其进行定期体检、病毒载量检测，监测和处理抗病毒治疗药物的毒副反应，准确掌握其健康状况。考虑参加艾滋病抗病毒治疗有一定的药物毒副反应，给予其心理疏导、专门营养补助和生活照顾。对于伤病、病重艾滋病人员，场所医疗机构出具病情证明，指导大队给予其日常生活照顾。经诊断需要休息或者有特殊饮食需求的，场所医疗机构开具证明，强制隔离戒毒所予以安排。开展针对艾滋病戒毒人员的中西医结合治疗，特别是对抗病毒治疗过程中出现的毒副反应，采用"韩式电针治疗仪"穴位治疗、"中药熏蒸治疗仪"熏蒸治疗等缓解不适症状，减轻戒断痛苦。艾滋病戒毒人员出所时，积极沟通抗病毒治疗定点医疗机构、疾控部门，及时转诊，定期随访。

开展特殊人群针对性诊疗。结合"医联体"建设，针对艾滋病戒毒人员免疫力低下、机会性感染风险较大的特殊体质，确立艾滋病戒毒人员优先检查原则。对于治疗难度大、不出所治疗可能危及生命的，综合考虑相关情况提出变更社区戒毒。鉴于艾滋病人员免疫力低下，各种机会性感染风险大，且多为多系统、多器官感染，在诊治思维上应坚持小病按大病考虑，大病按重病考虑，重病按危重病考虑，避免遗漏病情症状。艾滋病人员因病就诊需要辅助检查支持时，优先检查。对于艾滋病人员暂时诊断不明的，先收治住院，再完善检查。经所内检查仍诊断不明的、治疗效果差的，优先安排离所就医、离所住院治疗。

建立覆盖性医联体、专科联盟。按司法部、国家卫生健康委关于"医联体"建设的相关指示精神要求，与属地政府、卫生健康部门、疾控部门共同探索、创新医联体建设，构建所地共建体系。卫生健康部门负责督导属地各级社会医院给予戒毒场所医疗共建的大力支持；疾控部门负责支持和指导戒毒场所传染病防治、艾滋病抗病毒治疗等。由此形成完善的监督考核机制和医联体单位管理体系，促进戒毒场所与属地医疗机构的沟通和配合。以四川省资阳强制隔离戒毒所为例，为加强戒毒所医疗机构与各级社会医院的合作，搭建互助桥梁，经卫生健康管理部门同意、备案，在所内挂牌成立了全省第一家属地社会医院的分院，创新性地建立了从省、市、区各级各层次各重

第四章 因人制宜：针对性诊疗与全程性抗病毒治疗

点的医联体、常规疾病、相关专科疾病和传染病专科联盟，使戒毒场所医疗机构的主体身份从各级社会医院的服务对象上升为合作对象、指导对象、临床教育培训基地。这有利于消除艾滋病戒毒人员就诊障碍，充分保障医疗供给。

推进医联体绿色通道建设。合理利用属地医疗资源、地域优势，在属地社会医院设置仅供场所艾滋病戒毒人员使用的专用病房，畅通艾滋病戒毒人员就诊通道。在急诊急救过程中，120救护车进入场所时，取消安检流程，畅通急诊通道。救治重大疾病以"发现快，送医快，转诊快，手术快"为要求，分别与省、市、区各级社会医院建立了远程医疗机制，积极运用远程医疗协作机制和"互联网+"智慧平台，由医联体内上级医院向场所医疗机构提供远程医疗、会诊、疑难病例讨论、医学教学和医疗业务培训，建立疑难病症"所内医疗机构检查、上级医院诊断"的诊疗模式，在提高戒毒医疗诊治能力的同时，减少外出就医风险。属地社会医院建立了与社会医院医师的进所门诊、会诊机制，每周至少有3名以上的各级社会医院科主任或副主任医师以上级别的医师到所开展医疗工作，包括精神卫生、传染病、常规疾病、胸痛卒中等特殊疾病的诊治，进行疑难病例诊治、危重病例会诊、临床教学查房、医疗业务培训等。特别是针对艾滋病相关疾病的诊治，提升了发现疾病、明确疾病、诊治疾病的能力。属地社会医院设立了场所内美沙酮治疗延伸点，在疾控部门的指导下，开展艾滋病戒毒人员的美沙酮替代、维持治疗工作。

与四川省戒毒管理局中心医院共建医共体的合作协议开启了四川司法行政戒毒系统医共体深度合作模式，推动司法行政戒毒系统医疗资源整合迈出新步伐、取得新成效。探索建立区域医共体，建立目标明确、权责清晰的分工协作机制，有利于解决场所医疗资源不足、医疗服务能力不强的短板，并实现了医疗队伍整合、医疗资源聚合、医疗业务融合，推动形成了基层首诊、双向转诊、两级联动的"分级诊疗"模式。

效果评估

抗病毒治疗的实际效果如何，首先取决于艾滋病戒毒人员对这一治疗手段的认知水平和参与度。在入所初期，有些艾滋病戒毒人员未认识到抗病毒治疗的重要性、必要性，认知还停留在"有补助，但副作用大、不想吃"的阶段。四川省司法行政戒毒系统为提升艾滋病戒毒人员参与抗病毒治疗的积极性和配合程度，采用艾滋病戒毒人员相互帮扶的方法，通过多媒体、现场演示等多方式开展教学展示，提升了艾滋病戒毒人员对抗病毒治疗的认知水平。抗病毒治疗率逐渐从最初的35%到91.8%，再走向100%全覆盖治疗。

在抗病毒治疗过程中，不时会出现疑难病例，尤其是相关并发症，戒毒人员会出现诸多不良副作用。截至目前，通过远程会诊、传染病定点医院专家到所诊治、多科室专家会诊等方式，四川省资阳强制隔离戒毒所出现的21例疑难艾滋病病情均得到了改善，未出现一例病因不明、救治不及时的情况。有3名艾滋病戒毒人员在监舍突发危重疾病，从疾病突发报告、医护人员赶到现场持续救治并最终确定转诊、120接诊急救、送入社会医院ICU抢救，全过程用时未超过15分钟，而且均得到了及时有效的救治，保障了其生命安全。在对艾滋病戒毒人员的

第四章　因人制宜：针对性诊疗与全程性抗病毒治疗

针对性诊疗过程中，四川省资阳强制隔离戒毒所发现有 10 例被初步诊断为"上呼吸道感染、肺炎"的病例，经过临床观察与系统救治后，最终确诊为肺结核、结核性胸膜炎、卡氏肺炎等，均痊愈出院。

在四川省资阳强制隔离戒毒所、四川省女子强制隔离戒毒所，项目组访谈了 50 名艾滋病戒毒人员，有 96% 的被访人员对所内的医疗服务表示"满意"。在疾病医疗护理方面，艾滋病戒毒人员普遍反映，戒毒所为艾滋病戒毒人员建立专门的健康档案，开展定期健康体检，提供日常疾病和艾滋病相关并发疾病的医疗护理服务，就医及时方便。其中，有 7 名艾滋病戒毒人员根据直接经历提到，即使是在半夜身体不舒服、发烧等，场所民警都会及时地带去就诊。四川"医联体"的建立，在一线工作人员的匿名测评中，多数也认为其成绩是值得肯定的。对于"医学影像远程会诊服务""传染病专科联盟""延续生命经验与沟通能力""胸痛联盟"的效果评价，选择"满意"的分别有 77.8%、85.2%、88.9%、85.2%。

在筛查率、病毒载量检测、抗病毒治疗方面，四川司法行政戒毒系统取得了较为显著的成绩。以四川省资阳强制隔离戒毒所为例，截至 2019 年 12 月，其对新入所的戒毒人员完成初筛超过 20 000 人次。仅 2019 年，就初筛 1988 人次，检测阳性 120 人次，送疾控中心确认血液标本 120 份，送检率 100%；并且在第一时间完成了网络直报，报送率达 100%。在 2019 年，开展 $CD4^+T$ 检测 1161 人次，病毒载量检测 615 人次，治疗满半年的戒毒人员检测率为 100%。通过有效的抗病毒治疗，绝大部分艾滋病戒毒人员的免疫力得到了提高，$CD4^+T$ 均保持稳定或明显上升，病毒载量明显下降，进一步提升了他们回归社会的能力，有利于防止艾滋病病毒的传播。

在新冠肺炎疫情防控期间，戒毒医疗中心的物资、人员资源较为紧缺，但其在抓好疫情防控工作的同时，狠抓艾滋病戒毒人员的日常治疗、巡诊、疾病筛查和抗病毒治疗，未出现一例疏于治疗或疏于检查的医疗问题，做到了及时发现、及时治疗，确保了场所艾滋病戒毒人员的生命健康安全。

典型案例

案例：一封朴实真诚的《感谢信》。

第四章　因人制宜：针对性诊疗与全程性抗病毒治疗

洛某在 2011 年被查出感染艾滋病，同时由于长期吸毒，身体状况较差。长期以来，他腹股沟出现感染化脓，让他饱受痛苦和折磨。虽然他四处求医，但不是被歧视性拒绝，就是医治无效，病情越来越重，这让他感到心如死灰。2020 年 1 月，洛某因吸毒被抓获并被送到资阳强制隔离所。刚来时，洛某腹股沟感染的地方已溃烂不堪，几米外都能闻到伤口的恶臭。他觉得自己肯定死定了，于是吃不下、睡不着。他的身体状况和思想状态引起了大队民警和医院医生的高度重视，大家没有嫌弃，更没有歧视他。医务人员通过详细询问病史、查体、抽血化验，反复会诊讨论，最后针对洛某的身体情况"量体裁衣"，制定了详细的治疗方案。刚开始时，脓液分泌很多，一天要换两三次药，医务人员细心地给他换药。慢慢地，脓液少了，臭味消失了，疼痛减轻了，伤口逐步愈合。洛某觉得自己活过来了！

他想谢谢戒毒所的医务人员、谢谢大队的警官，可是，不善言辞的他不知道怎么表达。最后，他觉得应该写一封感谢信，把自己迎来新生的开心告诉大家："正是因为医生们精湛的医术，我多年未愈的伤口才会好起来，我感觉到自己的身体越来越好，对未来的生活充满了信心，更坚定了我戒除毒瘾的决心。我相信，我的明天一定会更好。我怀着一颗感恩的心，表达我对各位警官、医生的感谢，是你们让我重获了新生。"

相关荣誉

四川省资阳强制隔离戒毒所艾滋病初筛实验室先后 4 次荣获四川省疾控中心表彰的年度艾滋病筛查优秀实验室和先进个人。

四川省资阳强制隔离戒毒所医院在 2011 年被四川省资阳市雁江区疾控中心评为"HIV/TB 双感筛查先进集体";在 2011 年荣获四川省戒毒管理局"集体嘉奖";2015 年荣获四川省戒毒管理局"集体三等功"。

2015 年,曾玉梅同志被评为"全国五一巾帼标兵";李左梁同志被评为四川省性病艾滋病防治协会第四届理事会理事。

在 2020 年疫情防控期间,戒毒医疗中心荣获先进集体;李左梁、李沅泽被四川省司法厅表彰为表现突出个人,李沅泽荣获四川省戒毒管理局个人三等功。

2023 年 12 月 22 日,四川省戒毒管理局被民盟中央、司法部表彰为"黄丝带帮教"工作先进集体。

第五章　以预为先：强化职业暴露应急处置

经验内容

积极制定并严格执行《职业暴露感染艾滋病病毒处理程序规定实施细则》《职业暴露防护工作制度》《职业暴露防护工作守则》《职业暴露应急处置预案》等规范性文件；坚持预防为主，普及宣传艾滋病防治知识，提高工作人员的防护意识；加强艾滋病病毒职业暴露的预防与处理知识的培训，提高防治技能；与属地疾控部门、传染病定点医院合作，开辟职业暴露应急处置绿色通道，提供24小时评估与确认、技术指导、阻断药物治疗。

成立职业暴露应急处置领导小组统一负责场所内艾滋病病毒职业暴露的预防与处置工作。新进民警、辅警接受艾滋病防治知识和技能培训率达100%，医务人员接受艾滋病相关专业技能培训率达100%，民警对艾滋病综合防治知识（包括艾滋病、性病、丙肝防治知识和无偿献血知识）的知晓率达100%。场所为从事艾滋病管理的民警、医

> 务人员购买了职业暴露方面的保险，并设置了所内职业暴露基金。

理论与实践背景

自 1984 年英国卫生防护署报道了世界上首例因职业暴露而感染 HIV 以来，艾滋病防护工作者在临床工作中因与携带传染性病毒的就诊者接触而导致被感染的危险逐渐成为医疗领域引人关注的职业性问题。目前，我国艾滋病传播已进入快速增长期，而我国 HIV 职业暴露事故也不时敲响警钟。职业暴露也以疾控系统为主逐步转变为以医院、公安系统、司法行政系统为主。我国政府高度重视医务人员以及人民警察 HIV 职业安全问题。自 2003 年在全国范围内全面落实"四免一关怀"政策以来，在国家卫生计生委等四部门联合发布的最新版《职业病分类和目录》中首次将艾滋病纳入其中，同时也特别注明了仅限于医疗卫生人员与人民警察的职业暴露感染。这既保障了艾滋病人可以得到及时有效的医疗服务，减轻和消除医务人员、人民警察的恐惧心理，同时也体现了我国对广大医务人员、人民警察一线工作的关怀照顾以及相关的职业保护。从近些年医学、法学的一些实证研究来看，HIV 职业安全防护依然是一个系统性的难题，仍有一系列问题亟待进一步澄清和解决，如基金配置问题，认定标准及评估的权威性问题，与高危职业保险、工伤认定的衔接问题，专门心理疏导问题等。

从四川省的职业暴露数据来看，司法行政系统的暴露情况

第五章 以预为先：强化职业暴露应急处置

相对于卫生医疗、公安医疗而言较少；在现有的职业暴露方式中，主要是针刺伤或切割伤、体液传播。[1]根据项目组采集数据，以四川戒毒系统为例，从2006年艾滋病病患收治至今，一共出现了6例职业暴露，通过及时有效地处置，均实现了职业

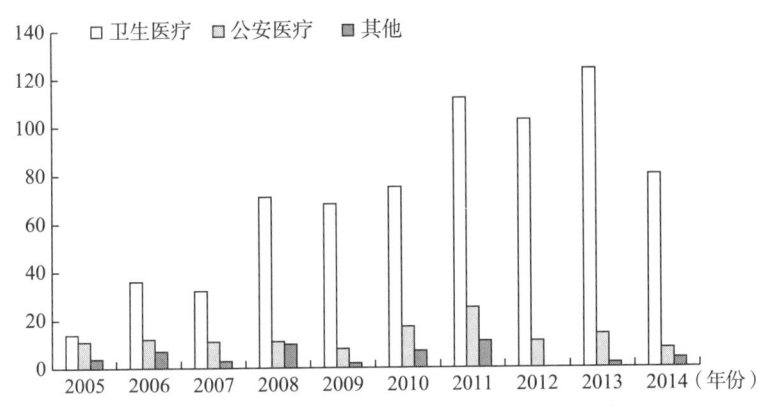

图5-1 四川省2005年~2014年艾滋病病毒暴露情况

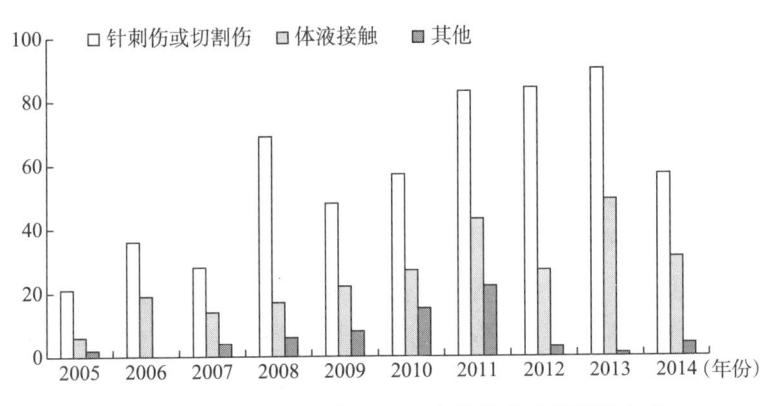

图5-2 四川省2005年~2014年艾滋病病毒暴露方式

---

[1] 数据来源于喻航等：《四川省893例艾滋病病毒职业暴露个案分析》，载《预防医学情报杂志》2016年第5期。

暴露零感染目标。同时，在职业暴露后期处置过程中，心理、教育、医疗、工会、办公室等多部门协作，按要求给予相应的资金补助，通过慰问、心理咨询、随访等多种方式进行心理疏导，6例职业暴露人员均打开心结，坚守在艾滋病戒毒人员分类管理工作的第一线。这一业绩是如何做到的？

具体操作要点

落实严格管理，对艾滋病病毒职业暴露的预防、报告、评估和处理工作严格按照国家及属地卫生疾控部门制定的有关制度执行。同时，以"零感染"为目标，制定详尽的《职业暴露感染艾滋病病毒处理程序规定实施细则》《职业暴露防护工作制度》《职业暴露防护工作守则》《职业暴露应急处置预案》《职业暴露管理规定》并严格贯彻执行。

成立职业暴露应急处置领导小组统一负责场所内艾滋病病毒职业暴露的预防与处置工作。加强报告制度，发现职业暴露个案时及时采取有效的预防与控制措施，迅速阻断艾滋病病毒的传播，尽可能地降低职业暴露感染艾滋病病毒的几率。

建立应急快速反应机制，强化人力、物力、财力、药物和技术储备，增强应急处理能力。加强部门协调，由戒毒医疗中心负责艾滋病病毒职业暴露应急处理工作的日常管理、医疗服务和技术支持；各职能部门协助医疗部门开展艾滋病病毒职业暴露应急处理工作。按照"早发现、早报告、早评估、早服药、定期随访"的原则，一旦发现职业暴露，做到快速反应、快速处理和快速阻断。与属地疾控部门、传染病定点医院合作，开辟职业暴露应急处置绿色通道，提供24小时评估与确认、技术指导、阻断药物治疗。

场所为从事艾滋病管理的民警、医务人员购买了职业暴露方面的保险，并设置了职业暴露基金。出现职业暴露后，心理、教育、医疗等多部门干预、慰问，并提供相应数额的慰问金，在保障其个人工资待遇的同时，给予一定程度的休养假。

坚持预防为主，普及宣传艾滋病防治知识，加强艾滋病病毒职业暴露的预防与处理知识的培训，提高防治意识与技能。通过互联网+、多媒体教学、幻灯片播放、视频教学等多种宣传教育方式，对收治的强制隔离戒毒人员开展艾滋病防治知识、抗病毒治疗依从性宣传教育及行为干预，每年宣传覆盖率达100%。强调"三个百分百"：新进民警辅警接受艾滋病防治知识和技能培训率达100%；医务人员接受艾滋病相关专业技能培训率达100%；民警对艾滋病综合防治知识（包括艾滋病、性病、丙肝防治知识和无偿献血知识）的知晓率达100%，同时戒毒人员达95%以上（文化知识水平影响及其他因素）。从四川省资阳强制隔离戒毒所来看，每年外派医护人员到华西医院进修培训5人次以上，到资阳市级医疗机构培训12人次以上。

效果评估

对于医护人员、一线大队民警而言，长期处于封闭性极强的分类管理环境下，加之艾滋病戒毒人员是高危性传染病的带菌者，与他们长时间、近距离的接触，极易受到多种病毒的侵害。对于职业暴露的防治经验，四川省资阳强制隔离戒毒所自评平均分为9.05，四川省女子强制隔离戒毒所自评平均分为8.82。

社会治理视域下禁毒防艾"四川经验"

项目组在访谈中发现,尽管四川省资阳强制隔离戒毒所、四川省女子强制隔离戒毒所在职业暴露问题上做了许多努力,取得了显著效果,但仍有个别民警反映需要更加重视其他传染性疾病的传染问题,其理由是"体检结果不容乐观"。

典型案例

案例:医务人员曾某职业暴露。 四川省资阳强制隔离戒毒所医务人员曾某在给一名艾滋病感染病员做股动脉假性动脉瘤穿刺治疗时,在其换药消毒处置完毕后,病员洛某剧烈扭动导致伤口出血,并溅入曾某眼睛。这一职业暴露出现后,现场其他医务人员立即协助曾某进行现场紧急处置、清洗,并针对暴露的具体情况上报。半小时内,曾某到达职业暴露处置定点医院资阳市第一人民医院,进行了职业暴露技术鉴定和风险评估,并实施了有效的药物阻断。四川省资阳强制隔离戒毒所组织管理科、教育矫正中心、心理矫治中心、工会等相关部门进行慰问和随访,并及时对曾某开展了心理疏导。通过第4周、第8周、第12周、6个月及1年的艾滋病病毒抗体检测,最终确定曾某为艾滋病病毒抗体阴性。

第六章　精准保护:"去污名化"路径探索

经验内容

强化反污名、反歧视的宣传教育和制度建设。除保障好其他基本权利外,重点维护艾滋病戒毒人员的知情权、人格尊严权、生育权、隐私权等基本权利不受侵害。

在戒毒场所内,艾滋病戒毒人员应当被告知感染 HIV 及 $CD4^+T$ 载量。每月公示艾滋病戒毒人员处遇、奖惩、计分考核等情况。公开"班组长""互助委成员"选用条件、程序。全面公示准假,所外就医,减短、延长与解除强制隔离戒毒期限,变更执行方式等情况。

在法律常识教育中特别加入妇女权益保障内容。针对一些被家暴、被性侵、性工作者等经历的女性艾滋病戒毒人员,结合法律法规开展针对性通识教育、维权指导。注重对女性艾滋病戒毒人员母婴阻断、生育安全等的政策宣讲、知识指导和权益保障。

社会治理视域下禁毒防艾"四川经验"

理论与实践背景

在艾滋病防治史中,许多学者将其过程视作一个科学发展问题,如以"范式"归纳防治模式,并提出了"隐喻范式""规训范式"和"人权范式"等概念。国际社会充分重视防治艾滋病问题,将艾滋病问题与反恐、防止核扩散以及应对国家冲突并列在同一级别。其中,人权问题一直是艾滋病戒毒人员管理方面的核心争议。艾滋病从一开始就不仅仅是一种单纯科学意义上的疾病,其更是一种承载道德隐喻的"社会病"。许多社会公众受一些传统观念影响,倾向于将艾滋病人或吸毒者等界定为不洁身自好的人或者道德败坏的人,认为他们当中多数感染者是因为不遵守社会道德及公共规范而感染,应该为其个人破坏规则的行为负责。

在实践中,艾滋病戒毒人员的知情权、人格尊严权、生育权是最容易受到侵犯的基本权利。在全球范围内,许多毒品使用者也被"成瘾疾病"模式所病态化,被描绘为"有病""虚弱""无法维持关系或正常生活"。广泛的社会污名与歧视,加上惩罚性法律制度,严重损害了关键人群一系列基本权利的行使。

相对于男性而言,在染毒、涉艾问题上,女性由于自身生理、心理和外部社会的规范评价原因,愈加弱势化,也面临更多的人权困境。也正因如此,在禁毒防艾工作中,必须投入更多的制度性资源,对女性艾滋病戒毒人员在母婴阻断、生育安全、权益维护等方面给予更为具体、细节的指导和帮助。

第六章 精准保护:"去污名化"路径探索

具体操作要点

为保障知情权,促进抗病毒治疗率,减少信息不对称,在戒毒场所内,艾滋病戒毒人员应当被告知感染 HIV 及 $CD4^+T$ 载量。

为强化艾滋病戒毒人员的程序参与,预防执法不严、执法不公,每月公示艾滋病戒毒人员处遇、奖惩、计分考核等情况。公开"班组长""互助委成员"选用条件、程序。全面公示准假,所外就医,减短、延长与解除强制隔离戒毒期限,变更执行方式等情况。

为全面保障艾滋病戒毒人员的合法权益,防止污名、歧视等侵权行为,专门成立艾滋病戒毒人员权益维护中心,受理艾滋病戒毒人员控告、申诉、举报、自首案件。权利受到侵害的艾滋病戒毒人员可以向权益维护中心投诉,中心应当以维护其合法权益为己任,依法查处,并予以及时答复。例如,四川省资阳强制隔离戒毒所艾滋病专管大队于 2012 年与北京师范大学刑事法律科学研究院合作创新,在原艾滋病专管的基础上,成立了艾滋病病毒感染者"权益维护中心"。中心秉承"不抛弃、不放弃、不歧视"的信念,积极帮助艾滋病戒毒人员及家属,为他们提供急需的法律援助,保障其合法权益不受非法侵犯。权益维护中心受理案件的基本流程如下:申请→(受理)审查→决定(指派)→(提供)援助→办结(归档)。当发生侵害艾滋病戒毒人员合法权益事件,且涉嫌构成行政违法、刑事违法的,按程序移交案件,依法追究法律责任。

许多艾滋病戒毒人员入所前存在"偷抢骗卖(淫)"行为,

同时也是基本权利容易受到侵犯的弱势群体。四川省女子强制隔离戒毒所突出对妇女合法权益的特别保障，针对一些被家暴、被性侵、性工作者等的女性艾滋病戒毒人员，结合法律法规开展针对性的通识教育、维权指导。尊重女性的爱美心理，强化"美丽心情"教育。同时，针对女性生理、心理特点，进行艾滋病母婴阻断、生育安全等方面的政策宣讲、知识指导和权益保障。

效果评估

艾滋病戒毒人员既是违法者，同时也是病人和受害者。根据"双向保护原则"，在权利保障上既要充分尊重和保障艾滋病戒毒人员的基本权利，实现他们在强戒期间的合理、合法诉求，同时也要进行规则教育，防止出现人身安全、职业暴露等风险事故。在维护合法权益时，既要对侵害权利行为说不，也要对滥用权利行为予以制止。对于本条经验内容，四川省资阳强制隔离戒毒所自评平均分为 8.93，四川省女子强制隔离戒毒所自评平均分为 8.64。

为评估侵害权利行为、滥用权利行为状况，项目组对四川省资阳强制隔离戒毒所 2017 年～2019 年的 200 件违规违纪处罚情况进行了文献查阅（图 6-1）：其中，有 55 件警告、54 件训诫、91 件责令具结悔过。其被处罚的情形多为持有违禁品（如香烟）、消极怠工、私藏便服等。7 件申诉控告，个案之一是学员之间出现斗殴，一方控告追究对方法律责任；个案之二是投诉派出所民警在强制隔离决定过程中刑讯逼供；其余 5 例均是主张公安机关作出的强制隔离戒毒决定违法，进而申请行政复

第六章 精准保护："去污名化"路径探索

议。上述个案均已得到积极、满意的处置。

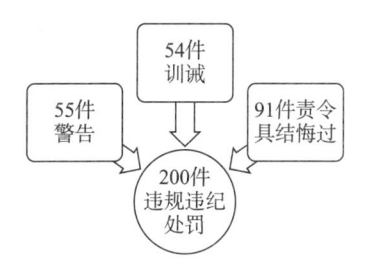

```
    55件        54件        91件责令
    警告    →   训诫    ←   具结悔过
              ↓   ↓   ↓
              200件
              违规违纪
              处罚
```

图6-1 四川省资阳强制隔离戒毒所2017年~2019年违规违纪处罚情况

在关于"在所内权利侵害"的访谈中，无论是四川省资阳强制隔离戒毒所还是四川省女子强制隔离戒毒所，绝大多数学员表示未受到过权利侵害。对四川省资阳强制隔离戒毒所维权满意度较高的是，在所内设置了人权保障中心及维权信箱。但是，仍然有一些隐性侵权行为未浮出维权平台，如访谈中有3个"男同"提出，在所内仍会有其他戒毒人员曾拿自己的"男同"身份嘲笑或者捉弄自己。尽管所内学员有民主生活会，但均未能表达这种抗议，主要是担忧影响关系。当然，处置相关维权个案，需要与时俱进，针对特殊侵权形态进一步提高执法水平和能力。在上述两所关于一线工作人员的匿名问卷调查中，有11.1%的匿名受访者对"侵权个案处理水平"选择了"不满意"。

典型案例

案例：对什某因涉案失联女儿的帮扶故事。四川省女子强制隔离戒毒所考虑到女性艾滋病戒毒人员对亲情的特殊依赖性，所以所内比较重视摸排其家庭成员的具体困难，并集中多方力量提供精准化帮助，为其排忧解难。在某年国庆节即将来临之

社会治理视域下禁毒防艾"四川经验"

际,专管大队民警对全体戒毒人员进行了一次基本情况摸排,发现有一名凉山地区戒员什某近期血压偏高,情绪较为低落。通过个别谈话和从其他戒毒人员处搜集相关信息,民警了解到,什某有一个刚刚大学毕业的女儿,"莫名其妙"被卷进了一起贩毒案件并被四川省西昌市公安局拘留,同时也不知信息真假、情节轻重。俗话说,一人在监,十人在途。母爱更是如烈日灼心。什某十分担心女儿情况,但又无法联系上家里亲属。民警在对其进行安抚的同时,及时带其到医院就诊。为了让什某能够在场所安心戒治,民警积极对接当地社区、派出所和司法部门,希望在法律容许的范围内了解什某女儿被拘留案件的基本情况。当时,正在家里"坐月子"的西昌籍民警吉支阿日在接到四川省女子强制隔离戒毒所通报信息后,积极帮助进行程序衔接,甚至多次"挺着大肚子"赶到西昌市公安局了解情况,并赶赴什某老家(凉山州布拖县)找到其家属进行沟通。通过上述衔接和帮扶,什某及其亲属对其女儿涉案被拘留的来龙去脉有了较为理性、客观的认知。什某表示"心里踏实了",并发自内心地感谢司法警官对她和女儿的帮助。

第七章　平权教育：实现"去恐同心理"

经验内容

> 针对艾滋病戒毒人员中同性恋群体的性取向和心理、行为特征，积极吸收高等院校、医院、心理协会等社会资源，强化平权教育与保障。
>
> 通过团体辅导、个体访谈等讲解同性恋认定标准与形成原因，帮助"艾同"克服性取向烦恼，使其树立信心，积极融入社会。

理论与实践背景

项目组主要关注的是现有艾滋病戒毒人员中吸毒、异性传播、同性传播的交叉、重叠问题。根据项目组对四川省资阳强制隔离戒毒所某年的数据统计，在艾滋病戒毒人员中，"男同"中绝大多数都是通过同性性行为感染艾滋病。相比异性性行为来说，"男同"的性行为更易造成直肠黏膜出血，加上"男同"换伴侣的频率往往比"女同"、异性恋要高得多，这些因素也增加了"男同"感染艾滋病的风险。

如何理解艾滋病戒毒人员中"艾同"的特殊性？我们可以从

社会治理视域下禁毒防艾"四川经验"

美国社会学家、结构功能主义流派的代表性人物之一罗伯特·金·默顿在《社会理论与社会结构》中提出的"失范——压力理论"中获得一些启示。当人们无法通过合法的手段达到其所追求的目的，就会产生一种失范的压力，人们为了减轻压力就会通过一系列的手段来缓解，犯罪违法行为就是减轻压力的手段之一。在周遭环境对自己同性恋身份不理解、不支持的情况下，"艾同"人群会持一种自暴自弃的心态去吸毒，选择封闭自我、不与外界联系。在被污名化、被歧视的状态下，同性恋群体很难选择正确的方法去排解内心的焦虑与孤独，容易使其自我生命价值偏离社会道德基准，如部分"艾同"人群通过"吸毒"来释放精神压力。这也意味着，在对"艾同"这一群体进行管理与救助时，尤其要注重对他们自我认知和人格完善的正面引导。

然而，在实践中，对于性别的固有偏见以及男性主导地位的父权阶级等话语霸权仍然根植于当前社会的大环境中。"恐同者"在发表其言论时，通常会运用影射性或预示性方式对同性恋群体的人格进行贬低，同时将其作否定性人格予以批评。例如，有人将同性恋群体指称为"疾病的传播者"，有人将该群体作为对主流文化、社会与家庭的威胁而排除在"正常人群"之外。许多亚文化也导致"艾同"在权益维护方面经常处于"失语"状态。

在2001年发布的《中国精神障碍分类与诊断标准（第三版）》（CCMD-3）开启了同性恋"去病化"之路，但仍然将"自我不和谐的同性恋"（即无法认同性取向而伴发的焦虑抑郁等心理障碍）归类为"性指向障碍"。

第七章 平权教育：实现"去恐同心理"

对于"艾同"而言，在权益维护方面的一个积极信号是，2018 年下发的《国家卫生健康委关于印发国际疾病分类第十一次修订本（ICD-11）中文版的通知》要求，自 2019 年 3 月 1 日起，各级各类医疗机构应当全面使用 ICD-11 中文版进行疾病分类和编码。ICD-11 中文版中并没有同性恋这项心理障碍，也没有界定为"自我不和谐的同性恋"。尽管如此，"艾同"艾滋病戒毒人员真的就能借此祛除污名和歧视了吗？

具体操作要点

四川省资阳强制隔离戒毒所结合特殊人群的心理状况，尤其是针对容易遭受"恐同心理"伤害及污名、歧视的男同群体，专门做了专题讲座和心理疏导，引导他们调整心态应对来自社会上的"傲慢与偏见"。

四川省资阳强制隔离戒毒所与绵阳师范学院、绵阳中心医院以及绵阳"新天地心灵成长咨询中心"联合，进行了"艾同"戒毒人员现状调查及教育管理对策的应用性研究。该项目使用的研究方法如下：首先，项目组在四川省资阳强制隔离戒毒所艾滋病戒毒人员中初筛自述为同性恋，或者是认为自己有同性恋倾向的人员；其次，使用"艾同"访谈提纲对初筛出来的人员逐一进行访谈，并形成访谈报告；再次，项目组使用"艾同普查问卷（戒毒人员）"对全所艾滋病戒毒人员进行普测，深度筛查潜在的同性恋人员；使用"艾同态度问卷（警官）"对部分民警进行调查，了解民警对同性恋问题的认知情况；最后，项目组对筛查确认的"艾同"进行了相应的主题发言、团体心理辅导和知识讲座。

为了疏导"艾同"人员性取向的压力感，项目组设计了三次心理辅导活动：第一次活动是"我'同'了没？"，用个别访谈的形式帮助"艾同"确定自己的性取向，避免"艾同"自行"贴标签"；第二次活动是"我'同'了，我烦恼"，采用团体辅导形式，鼓励"艾同"说出自己的性取向烦恼，并大胆宣告自己的性取向；第三次活动是"我'同'了，我认同"，这是为"艾同"开设的同性恋知识讲座，介绍全球同性恋基本情况，讲解同性恋认定标准，说明同性恋形成原因和对未来的展望。

效果评估

在实证研究中，评估一种观念是否被真正接受，要分析其自觉性、主动性、稳定性等要素，还要辅以必要的技术规范。在一线工作人员中，对于该经验内容，四川省资阳强制隔离戒毒所自评平均分为 8.89，四川省女子强制隔离戒毒所自评平均分为 8.65。

同时，为了解更为客观的定性素材，项目组深入四川省资阳强制隔离戒毒所，区分年龄、学历、民族、婚姻状况等因素对"艾同"艾滋病戒毒人员进行了半结构化访谈。许多"艾同"表示，在进所前，他们往往自我选择边缘化来互相取暖，普遍具有"害怕看病甚于害怕得病"的想法。有一名艾滋病戒毒人员甚至用异性婚姻和生育孩子来掩饰发乎爱情的"爱人同志"。在入所初期，大部分"艾同"无法有效解决自己的社会关系压力，缺乏内在或外在的社会支持，他们会感到无助和失落，甚至会感到被抛弃。不少人认为自己无依无靠，没有办法很好地解决自己内心的困惑与纠结，甚至会产生报复社会、报复他人的

第七章 平权教育：实现"去恐同心理"

想法。许多"男同"艾滋病戒毒人员表示自己会在"同志"社交软件上寻找性伴侣，并且在同一时期会保持多个性伴侣。

对于平权教育，所有接受访谈的"艾同"都表示对四川省资阳强制隔离戒毒所所做的一系列心理辅导活动印象深刻，在其中受益良多：如分享经历与压力环节让自己"茅塞顿开，一身轻松""烦恼减了多半""说出来，很爽"；关于同性恋的知识讲座"解开了心中长期的困惑""心中更加敞亮、愉悦"。其中，在专题心理课程中，关于"我'同'了，我认同"的内容对大家的触动极大，均表示有利于防止自我矮化，帮助他们能够更加坚强地应对污名、歧视。项目组的访谈印证了中国女社会学家、性学家李银河的观点，社会消除对同性恋者的歧视，同性恋者不怕"暴露"自己的身份，这样有利于降低艾滋病的感染率。

典型案例

案例1：男同王某祛除恶意报复心理案。男同艾滋病戒毒人员王某通过"Blued"社交软件认识了性伴侣，并被恶意传播感染艾滋病。事后，他自己向警方报案寻找对方，至今未能找到。在入所初期，他对性伴侣恶意传播的行为一直难以释怀，认为"这对我不公平"，还产生了传播给他人的想法。但是，在四川省资阳强制隔离戒毒所接受了针对"艾同"人员的特殊生命教育，受惠于民警的照顾和教育，重塑了责任意识和耻感意识后，他发现自己"不恨了，自己也有错"。王某对民警和项目组人员说："如果自己出所去传播无辜的他人，就等同畜生。"

案例2：男同李某受歧视与所内平权教育。艾滋病戒毒人员李某在入所初期，发现其他戒毒人员在日常会拿自己的"男同"

社会治理视域下禁毒防艾"四川经验"

身份嘲笑或捉弄自己。针对类似情况,四川省资阳强制隔离戒毒所结合易受"恐同心理"伤害及污名、歧视男同群体的特殊现象,专门做了专题讲座和心理疏导,如"我'同'了,我认同"的心理辅导。在对彼此"各自难处""各自人格尊严重要性"有所体悟后,李某坦陈,周围的歧视行为大大减少,自己也变得更坚强从容,不像以前那么脆弱敏感。

第八章　危机干预：建构心理评估体系

经验内容

将专门的《艾滋病戒毒人员心理测试原始量表》及其他心理测试量表与结构性访谈等形式相结合，对入所艾滋病戒毒人员心理状况进行评估，评定心理健康程度（分为健康、一般、较差、高危），并建立个人心理健康档案。

鉴于艾滋病戒毒人员容易产生迷茫、绝望等负面情绪，在常规心理健康教育上增加关于接受自身艾滋病感染事实的心理危机干预，通过开设"我的情绪我做主"情绪管理系列课程、"学会应对压力"的团体心理辅导，针对个人特殊心理情况提供一对一心理咨询，帮助艾滋病戒毒人员应对挫折、恢复自信。

理论与实践背景

长期以来，由于世界范围内尚无根治之法，被称为"超级癌症"的艾滋病不仅威胁着感染者的身体健康，而且严重地影响着他们的心理健康。随着高效抗逆转录病毒治疗的广泛运用，艾滋病虽然仍不能治愈，但是已逐渐成为一种可控制的慢性进展性疾病。值得关注的是，艾滋病的生理威胁虽在降低，但感染者的心理压力却始终沉重。

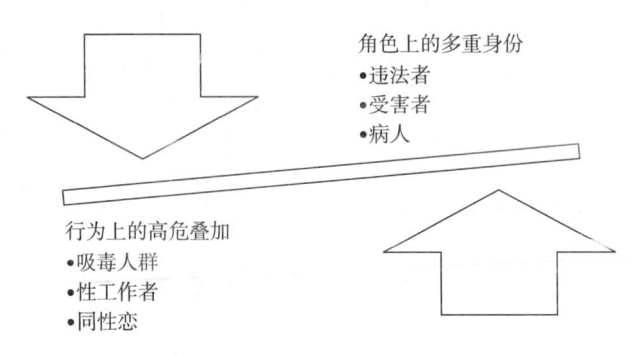

角色上的多重身份
- 违法者
- 受害者
- 病人

行为上的高危叠加
- 吸毒人群
- 性工作者
- 同性恋

图 8-1　艾滋病戒毒人员的特殊性

一些对艾滋病感染者心理状况的研究表明，这一群体仍然承受着许多与疾病相关的心理压力，一旦得知被感染，往往会出现各种负面情绪及精神障碍症状。如焦虑、抑郁、强迫、愤怒、恐惧、悲观、羞愧、无助、无望等情绪，甚至包括报复社会、自杀等。[1]因此，如何通过心理危机干预，帮助疏导负面情绪，提高这一群体的生命质量变得越来越重要。一项针对300名艾滋病感染者的观察研究发现，其主要症状表现为抑郁症、焦虑症、报复心理、麻木等（图8-2）。其中，抑郁症所占比例较高，但大多数感染者是多个心理疾患共存，且相互转化。[2]如何对艾滋病戒毒人员进行心理疏导，实现"形神同调"，这是分类管理与关怀救助工作中的突出难题。

---

〔1〕　唐凡、盛健、张海涛：《团体辅导提高艾滋病吸毒人员心理健康水平的效果》，载《中国健康心理学杂志》2020年第8期。

〔2〕　高剑波等：《艾滋病人心理问题的探讨及其应对策略》，载《医学与哲学（人文社会医学版）》2008年第8期。

第八章 危机干预：建构心理评估体系

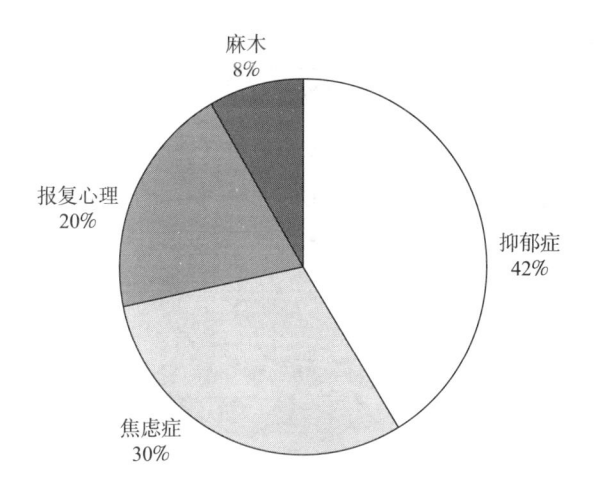

图 8-2 300 名艾滋病感染者心理问题统计图[1]

从项目组的调研来看，许多艾滋病戒毒人员的心理压力来源也呈现出外部性特征。项目组对四川省女子强制隔离戒毒所、四川省资阳强制隔离戒毒所 50 名艾滋病戒毒人员深度访谈的结果显示（图 8-3），其感染途径主要是异性性行为（36%）、注射毒品（34%）和同性性行为（18%）以及其他途径（12%）。

与之相关，在艾滋病戒毒人员心理危机干预中，遇到的最棘手的问题之一是，因艾滋病感染途径具有特殊性，社会公众常常将艾滋病感染者与吸毒者、性工作者、同性恋者联系在一起，因此会对他们产生一些偏见，让艾滋病戒毒人员承担着常人难以想象的心理负担。相关研究表明，受制于外部社会影响，艾滋病传染途径也会在一定程度上导致患者的自我歧视，而且

―――――――――
[1] 高剑波等：《艾滋病人心理问题的探讨及其应对策略》，载《医学与哲学（人文社会医学版）》2008 年第 8 期。

社会治理视域下禁毒防艾"四川经验"

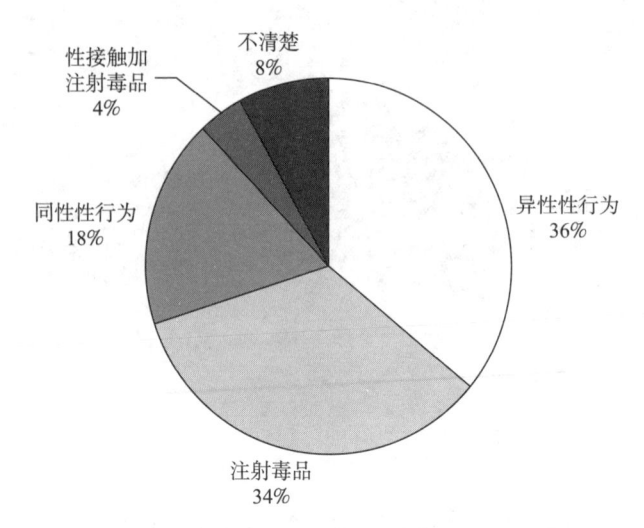

图8-3　50名艾滋病戒毒人员感染途径统计图

- 异性性行为 36%
- 注射毒品 34%
- 同性性行为 18%
- 性接触加注射毒品 4%
- 不清楚 8%

呈现程度上的相关性：在通过卖血、吸毒、血液传播、母婴传播、同性性行为等途径感染艾滋病的患者中，因吸毒或同性性行为感染艾滋病的自我歧视明显高于其他途径感染艾滋病的患者。[1]这是因为，吸毒作为艾滋病的主要传播途径，违法性突出；同性性行为则被许多人认为违反传统道德观念。这意味着，对此类群体进行心理危机干预时，有必要结合感染途径、外部社会影响等因素综合开展。

---

[1] 李艳红、谭文军：《艾滋病患者自我歧视与传染途径、社会环境、心理因素的关系》，载《中国健康心理学杂志》2021年第1期。研究者通过选择驻马店市中心医院感染性疾病科2016年4月~2018年9月收治的80例艾滋病患者为研究对象，采用艾滋病自我歧视量表评分对患者进行分组，其中分值≥25分作为区分组，分值＜25分者作为正常组。采用汉密尔顿焦虑量表（HAMA）和汉密尔顿抑郁量表（HAMD）评估其心理状态。结果80例艾滋病患者中，49例患者自我歧视得分≥25分，31例患者自我歧视评分＜25分，艾滋病自我歧视发生率高达61.25%；歧视组的吸毒率及同性性行为率明显高于正常组，血液传播率及母婴传播率显著低于正常组。

第八章 危机干预：建构心理评估体系

具体操作要点

通过采用专门的《艾滋病戒毒人员心理测试原始量表》、SCL-90、艾森克人格测验等心理测试量表，结合结构性访谈等形式，对入所后的艾滋病戒毒人员进行心理评估，了解艾滋病戒毒人员入所后的心理健康情况，并评定其心理健康程度，对被评定为"较差"的艾滋病戒毒人员重点关注，及时进行心理危机干预。对有心理咨询需求的艾滋病戒毒人员，及时上报场所心理矫治中心，开展个别心理咨询工作。

在常规心理健康教育上开设具有针对性的心理健康课程及团体心理辅导活动。例如，四川省资阳强制隔离戒毒所将艺术矫治这种结合创造性艺术表达和心理治疗的矫治方式融入到戒毒工作中。其理论假设是，通过艺术创作，戒毒人员能很好地投入事件主题，降低防卫心理，而让潜意识的内容自然地浮现，探清吸毒的原因，逐步改善不良心理，矫治吸毒行为，提升戒除毒瘾的功效。同时，艺术教育与行为教育彼此促进、相互影响，形成一种良性互动。通过形式多样的具有针对性的艺术矫治，让艺术治愈更多的戒毒人员，潜移默化地改变他们的心智和习性，达到以艺养心，以艺养性的效果。

目前，四川省资阳强制隔离戒毒所艺术矫治戒毒中心共有音乐、根雕、陶艺、家庭、诗歌、舞蹈、心理剧、绘画、冥想、内观、书法、阅读、园艺等13个艺术矫治功能室，其中12个室内项目，1个室外项目。为强化艺术矫治的理论基础和提升实操水平，四川省资阳强制隔离戒毒所与西南交通大学心理研究和咨询中心合作开发了13个艺术矫治项目的操作手册，并且通过合作方专家团队对民警进行培训,各大队都基本具备了独立开展相应艺术矫治项目的能力。

四川省女子强制隔离戒毒所专门针对艾滋病戒毒人员容易产生迷茫、绝望等负面情绪这一问题,开设名为"我的情绪我做主"情绪管理系列课程,帮助场所艾滋病戒毒人员了解自身情绪是如何形成的,以及如何消除不合理信念带来的负面情绪。开展名为"学会应对压力"的团体心理辅导,活动分为7个环节,其中,"你我初相识""好友对对碰"帮助艾滋病戒毒人员了解压力存在的必然性;"突围闯关""我的压力故事"帮助艾滋病戒毒人员直观地觉察压力;"压力气球""我们生活中的不

```
"你我初相识" "好友对对碰"
          ↓
"突围闯关" "我的压力故事"
          ↓
"压力气球" "我们生活中的不合理信念"
          ↓
"放松练习"
```

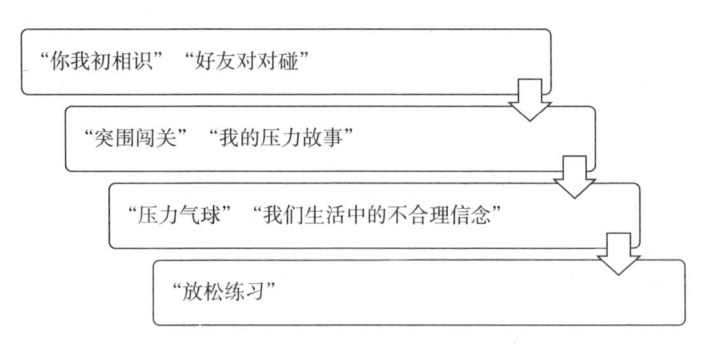

图8-4 "学会应对压力"的团体心理辅导细节

合理信念"则能具象化地展示过度的压力给我们带来的影响,进而帮助我们学会自己评估哪些压力是可以控制并消除的;"放松练习"则向艾滋病戒毒人员提供管理压力的一些参考,帮助艾滋病戒毒人员思考如何将自身压力控制在合理区间内。

效果评估

针对"建立心理评估档案,实行心理危机干预"是否属于

第八章 危机干预：建构心理评估体系

四川特色工作经验，项目组对四川省女子强制隔离戒毒所、四川省资阳强制隔离戒毒所一线工作人员的自评问卷结果显示，前者自评平均分为8.41，后者自评平均分为8.96。

在项目组对艾滋病戒毒人员的访谈中，在接受集体心理讲座和个别心理辅导方面，多数表示心理辅导"有较大的帮助作用"。例如，有1名女艾滋病戒毒人员指出，在刚入所时存在烦躁、偏激情况，扬言要"咬民警"并"把艾滋病病毒传染给民警"。在心理导师的帮助下，以及民警们在日常生活中的照顾，其逐步认识到"艾滋病到我为止"以及报复民警的错误，且愿意接受抗病毒治疗，主动参加习艺劳动。在认为"帮助作用不大"、不满意心理辅导的个案访谈中，主要存在的问题有"难以走出离异和背叛的阴霾""不喝酒不吸毒难以融入朋友圈"等。这也反映了心理危机干预要进一步深入特定人群、特定社区，继续优化方法体系和教育矫治技术。

四川省女子强制隔离戒毒所对入所艾滋病戒毒人员的心理评估显示，根据评估分级，处于"健康"状态占总人数的58%，处于"一般"状态占总人数的40%，处于"较差"状态占总人数的2%。有2名女性艾滋病戒毒人员在初入所时产生过"轻生"的念头，在接受了专业的心理辅导及大队民警的个别谈话后，逐渐放弃了这种想法。通过所内团体性心理辅导、个别性心理咨询开展心理危机干预，出所前为每名出所艾滋病戒毒人员开展的焦虑自评，显示其心理矫治效果良好：自评结果中"无焦虑状况"的占90%，轻度焦虑占8%，"中度焦虑"占2%，"重度焦虑"为0（图8-5）。

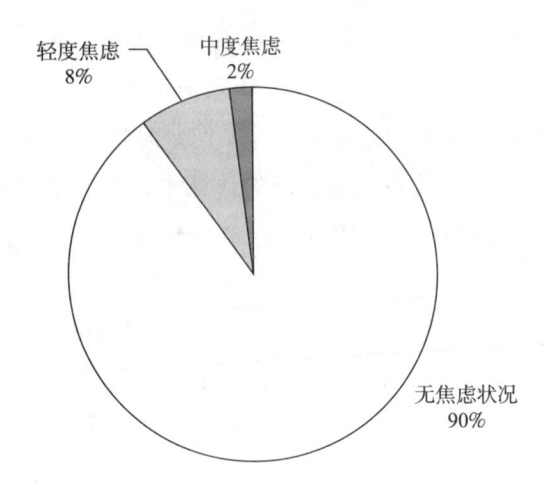

图 8-5 四川省女子强制隔离戒毒所出所人员焦虑自评结果

典型案例

案例：王某在舞步中迎来新生。王某是四川省资阳强制隔离戒毒所的一名艾滋病戒毒人员。入所后，王某一直接受不了自己被感染的事实，也不能适应场所环境，心理健康水平被评估为"较差"。专管大队民警将王某情况上报所内心理矫治中心，由心理咨询师对其进行心理咨询。在咨询的过程中，心理咨询师发现王某对舞蹈有着浓厚的兴趣和一定的才能，遂制定了艺术矫治与心理咨询相结合的方案，希望给他实际的帮助，恢复心理健康。在舞蹈艺术矫治功能室内，王某将自己的所思所想融入到舞蹈中，借助舞步抒发自己的情感……长期困扰他的负面情绪逐步得到宣泄，王某渐渐变得开朗、活泼起来。往常不愿意参加所内活动的王某在一次场所与所外联合开展的大型舞蹈类选秀节目中积极报名，并取得了优异的成绩。

第九章　特色教育：践行"艾滋病感染到我为止"

经验内容

> 构建以践行"艾滋病感染到我为止"承诺为目标的符合艾滋病戒毒人员个性特征和实际需求的特色教育体系。通过教育矫治工作积极帮助艾滋病戒毒人员完善认知结构，强化规则意识，自觉阻断艾滋病病毒传播和戒除毒瘾。
>
> 综合应用教育学、法学、心理学、人类学、经济学等多学科知识，四川省资阳强制隔离戒毒所积极运行"九项特色教育体系"，四川省女子强制隔离戒毒所全力打造"冰凌花生命教育体系"。

理论与实践背景

教育矫治是一项系统工程，是司法行政戒毒场所内戒治工作的中心工作。2014年的《司法部关于印发〈强制隔离戒毒人员教育矫治纲要〉的通知》明确提出，教育矫正工作要坚持以人为本原则、因人施教原则、综合矫治原则、面向社会原则、科学创新原则。相对于劳教时代、传统监狱时代存在的一些简单化、粗暴化的"三观教育"而言，教育矫治工作逐步向"精细化、实效化、智能化"转型。前文论及，艾滋病吸毒人员兼具"病人""违法者""受害者"的身份，其内在生理、心理、行为、认知等方面具有区别于普通戒毒人员与一般艾滋病感染者的特殊性。在外部环境中，其也更容易遭受来自歧视、污名的伤害。因此，针对这一群体的教育矫治工作应该充分考虑艾滋病戒毒人员的个性特征和内在需求，同时也要紧紧围绕回归社会的目标，深入挖掘并丰富艾滋病特色教育的内涵和外延。

在实践中，为提高教育矫治的科学性、规范性，许多强制隔离戒毒所都在积极转变过去"收得下、管得住、跑不了"的工作观念，希望实现教育矫治工作"去劳教化、去形式化、去功利化"。促使其践行"艾滋病感染到我为止"的承诺，这是对艾滋病戒毒人员进行教育矫治的重要目标。当前，针对艾滋病戒毒人员的教育矫治，工作难点之一在于，如何才能充分了解其认知结构特点、社会支持系统状况、回归社会的实际障碍。许多艾滋病戒毒人员所处的亚文化仍然有待"入圈"观察和总结。针对个性特征和内在需求进行教育矫治，需要综合应用教育学、法学、心理学、人类学、经济学等多学科知识，综合考虑其文化程度、经济状况、认知水平、阶层结构等因素，才有望促使其真正践行"艾滋病感染到我为止"承诺。

具体操作要点

为帮助艾滋病戒毒人员逐步恢复理性思维，提高其顺利回归社会的能力，四川省资阳强制隔离戒毒所针对艾滋病戒毒人

第九章　特色教育：践行"艾滋病感染到我为止"

员开展"九项特色教育"（图9-1），以促使其接受、认同、践行"艾滋病感染到我为止"承诺。

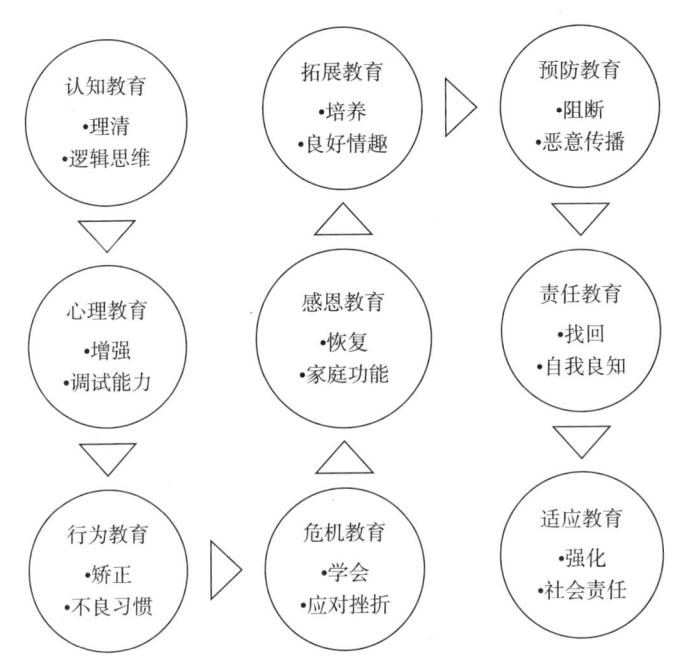

```
认知教育              拓展教育              预防教育
•理清                 •培养                 •阻断
•逻辑思维             •良好情趣             •恶意传播

心理教育              感恩教育              责任教育
•增强                 •恢复                 •找回
•调试能力             •家庭功能             •自我良知

行为教育              危机教育              适应教育
•矫正                 •学会                 •强化
•不良习惯             •应对挫折             •社会责任
```

图9-1　四川省资阳强制隔离戒毒所"九项特色教育"体系

四川省女子强制隔离戒毒所针对艾滋病戒毒人员从珍爱生命、尊重生命、热爱生命、敬畏生命四个维度，通过课堂化教学、兴趣小组等活动开展"冰凌花"特色生命教育，以帮助艾滋病戒毒人员理性面对生死，提高生命质量，从而促进教育矫治工作的顺利进行。

在特定的活动中注重教育内容、方法的融合。在节假日时，四川省资阳强制隔离戒毒所、四川省女子强制隔离戒毒所会集中开展感恩教育。如在"月圆家圆人团圆"中秋活动中，通过

社会治理视域下禁毒防艾"四川经验"

邀请艾滋病戒毒人员家属到所内与艾滋病戒毒人员一起过节并组织文艺汇演,积极在矫正工作中融合感恩教育、拓展教育、责任教育、生命教育等。

表4 四川省女子强制隔离戒毒所"冰凌花"生命教育流程

阶段	单元主题	特色课程	课程目标	各科教育课程流程安排
第一阶段	珍爱生命	心理健康辅导	心理机能逐渐恢复	心理健康讲堂→团体心理辅导→心理咨询
		体育兴趣小组	生理机能逐渐恢复	运动与健康课堂→体育活动(健身操、健身气功)→运动成效考核
第二阶段	尊重生命	常见疾病与预防	接受感染HIV现实	HIV告知→个别谈话→毒品与艾滋病预防教育讲堂
		园艺兴趣小组	领悟生命成长价值	植物种植课程讲解→花卉种植实操→总结种植养护经验
第三阶段	热爱生命	哲学文化小课堂	以正确的态度看待戒毒	中华传统文化→外国哲学→哲学的方法分析问题→如何拒绝毒品
		自控力训练	保持良好的行为操守	自控力常识讲解→自控力的训练(冥想、瑜伽等)→成立支持小组
		歌咏兴趣小组	唱响对生命的热爱	音乐常识讲解→练习发声→学唱改编歌曲
第四阶段	敬畏生命	历史、地理文化小课堂	培养社会责任感	自然地理→人文地理→中国历史→明确个人在历史和社会中的角色与责任

第九章 特色教育：践行"艾滋病感染到我为止"

续表

阶段	单元主题	特色课程	课程目标	各科教育课程流程安排
第四阶段	敬畏生命	舞蹈兴趣小组	让生命在运动中坚强	学习成品舞蹈→自创、改编民族舞蹈→参加大队各教育活动→提高自信
		表演兴趣小组	培养团结协作能力	提供典型故事→创作剧本→舞台剧表演→锻炼集体协作能力

效果评估

针对"开展艾滋病特色教育，践行'艾滋病感染到我为止'的承诺"是否属于四川特色工作经验，项目组对四川省资阳强制隔离戒毒所、四川省女子强制隔离戒毒所一线工作人员的自评问卷结果显示，前者自评平均分为9.06，后者自评平均分为9.28。

"艾滋病感染到我为止"是反映和评判艾滋病戒毒人员无风险、低风险的重要标准。如何避免和防止艾滋病戒毒人员仇视社会、打击报复他人？"回归人员恶意传播率"是评估分类管理效果的一个核心指标，也是社会各界对戒毒防艾系统工作评价的标杆之一。例如，四川省资阳强制隔离戒毒所曾发布的一项专门统计数据：截至2017年10月15日，在已经回归社会的3000余人中，尽管有相当一部分人依然生活困难，有的出现了复吸，但没有发现一人恶性传播艾滋病病毒。在项目组访谈的所有艾滋病戒毒人员中，对"出所后是否会报复社会"回答"不会"的比率达到100%。有一名艾滋病戒毒人员指出，受惠于戒毒所民警的照顾和教育，其重塑了责任意识和耻感意识，"对'艾滋病感染到我为止'是真的认同，如果自己出所去传播他人，就等同畜生、动物"。

典型案例

案例1：感恩是李某回归的一座桥梁。艾滋病戒毒人员李某，家里独女。她从小就被父亲捧在手心长大，她要什么，父亲就给什么。年近30，她仍然依靠父亲资助生活……进入四川省女子强制隔离戒毒所后，李某仍像以前一样，每个月要求父亲提供1200元生活费，丝毫不考虑父亲已年过六旬，而且每月依靠打临时工挣两三千元微薄工资。专管大队民警在知道李某这一情况后，在日常教育矫治工作中通过授课、面谈等方式对其进行感恩教育。在中秋活动中，民警还特意邀请李某的父亲来所参加活动。活动中，李某为父亲准备了一件手工作品，还向父亲跪拜奉茶，向父亲表达自己的感激之情。李某发现，这么多年来第一次距离父亲如此之近，而且认认真真地观察了下父亲，才发现她一直以为还很年轻的父亲"白发竟如此之多"。活动结束后，李某说："以前我都觉得父亲是顶梁柱，只要他在我就什么都不用管。今天，看见父亲的白发我才明白，我的父亲他也会老，有一天也需要我成为他的顶梁柱。"大家认为，这段话说明她现在已经学会了换位思考。目前，李某已出所，并学习了美容美发。她说："现在抵制复吸最大的动力就是希望能靠自己努力创造条件让父亲享福。"

案例2：阿泽木真正远离了毒品。接近中年的阿泽木（化名），丈夫因贩毒被判处死刑，留下她和3个孩子。2015年10

第九章 特色教育：践行"艾滋病感染到我为止"

月，阿泽木因吸毒被送进四川省女子强制隔离戒毒所。在这里，她被筛查出感染了艾滋病。在此之前的 10 年里，阿泽木的人生均与毒品有关。丈夫贩毒、吸毒，她在丈夫的影响下也开始吸毒，身边还有一帮吸毒、贩毒的朋友。阿泽木说，她 20 多岁结婚，婚后跟着丈夫在州府西昌生活时才知道，丈夫一直在吸毒。她从小在山里长大，没读过多少书，对毒品危害了解不多。但看到身边吸毒的人结局都不好，她也曾劝丈夫："别再吸了。"只是在毒品面前，任何劝说都显得苍白无力。阿泽木不仅没能成功劝说丈夫戒毒，而且在 2006 年大儿子出生之后，她自己也跟着开始吸毒了。接着，她的二儿子、三儿子也陆续出生。最终，她的丈夫为了维持巨额的毒资消费和家庭开支，走上了贩毒的道路。丈夫贩毒时给家庭带来了一些"财富"，他们"光鲜地"回到村里，被很多人羡慕。阿泽木也是个爱面子的女人，当时的她享受那种生活。但毒贩的好日子都不长久。2014 年 8 月 17 日，其丈夫在云南运输毒品过程中被警方抓获。其丈夫因贩卖毒品数量巨大，被法院判处死刑。阿泽木的生活也被打回了原形。2015 年 10 月 4 日，其丈夫被执行死刑。这个月，阿泽木也因吸毒被送进了四川省女子强制隔离戒毒所。留下她 70 多岁的母亲带着 3 个孩子在外面艰难生活。

在刚入所时，阿泽木的丈夫被执行死刑不久，她情绪低落。除了凉山来的学员，她很少和人说话。阿泽木在被告知感染了艾滋病之后，不像其他学员那样反应强烈，她似乎对这个病并不了解。经过民警们对艾滋病的宣讲，她才认识到艾滋病是怎么回事。从民警和她的交流情况来看，阿泽木的个人生活作风并没有什么问题，基本排除性传播的可能，如果她丈夫以前未被感染,那么阿泽木应该是同他人一起吸毒时,共用吸毒工具被感染的。阿泽木承认,她有过这样的经历。

在完全知道艾滋病是怎么回事之后,阿泽木更加沉默,看上去心灰意冷。如果以这样的状态回归社会,随波逐流,不知道她会走上一条什么样的路。对于这样的情况,民警们首先想到的是家庭,希望通过她的家人,让她恢复对生活的信心。民警联系上她的母亲,让她们母女通电话。阿泽木在电话里得知,母亲独自一人带着3个孩子,在西昌周边靠捡垃圾艰难度日。母亲70多岁,3个孩子,一个10岁、一个8岁、一个6岁,在外风餐露宿,相依为命。这对阿泽木的冲击很大,她开始自责,觉得自己对不起母亲和孩子。民警获知她的家庭状况后,轮流和阿泽木交流,鼓励她振作起来,早点出去承担起作为一个女儿、一个母亲的责任,照顾好老人和孩子。阿泽木不懂汉语,每次都需要找其他人来翻译。民警们告诉她,只要积极配合治疗,艾滋病病毒都能被有效抑制,短期内对她的生命并不构成太大威胁。

2017年6月26日,四川省戒毒管理局和四川省女子强制隔离戒毒所民警在凉山参加完"6.26"禁毒活动后,在西昌市郊区的一个窝棚里,找到了阿泽木的母亲和3个孩子。那是一个遮风避雨功能都不具备的临时窝棚,捡来的破烂床垫支在石头上,上面只有一张破旧、打湿了的棉被。外面下雨时,窝棚里也在下。窝棚外,支在地上的锅灶引不燃柴火,饭也做不了。阿泽木的母亲,每天在外面捡垃圾卖,顺便也从垃圾堆里捡回一些吃的和穿的。她问孩子们想吃什么,孩子们说:"想吃饼干。"3个孩子,只有老大在一个私立学校上过学,因没钱,又

第九章 特色教育：践行"艾滋病感染到我为止"

辍学了。民警们当时留下了5000块钱，让大儿子先复学。之后又送去了10 000多元的贫困救助基金，保障婆孙四人的基本生活和老大学习。同时，四川省女子强制隔离戒毒所发动了一些社会组织对婆孙给予救助。阿泽木知道老人和孩子得到了帮助之后，与民警们的聊天也更多了。

2017年9月15日，经诊断评估，阿泽木戒治情况良好，提前解除强制隔离。以前阿泽木从未打过工，出所后，她决定带着孩子和母亲好好生活。她开始到工地上做小工。2017年11月，四川省女子强制隔离戒毒所通过西昌疾控中心对阿泽木的3个孩子进行了HIV筛查，确认3个孩子未被感染。这彻底打消了阿泽木之前的顾虑。但阿泽木没有谋生技能，虽然希望开始新的生活，但是困难却不少。这让民警们非常担心：她回到以前的圈子，重新染上毒品怎么办？他们决定对她进行重点帮扶。对阿泽木的帮扶，首先面临的是孩子入学的问题，但上学需要回户籍地，阿泽木当时并不愿回去，当地也不愿意接纳她。许多家族"歃血为盟"，如果有人吸毒贩毒，会被逐出家族。四川省戒毒管理局驻布拖脱贫攻坚和综合帮扶小组民警提供了大量帮助。他们和当地乡政府反复争取，最终以孩子的名义，将阿泽木列为扶贫帮扶对象。无论是当地政府还是家族，都不愿看到3个孩子无家可归。在大家的努力协调下，3个孩子均已入学，并被纳入低保户，每人每月可获得180元的低保补贴。同时，由四川省女子强制隔离戒毒所筹集资金，为其解决了政府建房需本人缴纳的16 000元基本费用。2019年，阿泽木全家搬入新居。阿泽木在西昌找了一份工作，定期回布拖县领取药品，看望孩子。

社会治理视域下禁毒防艾"四川经验"

　　阿泽木的姐姐过世之后,姐夫一个人在西昌。刚回西昌时,阿泽木觉得应该有一个归宿和依靠,一度和姐夫在一起了。但她发现姐夫也在吸毒,且反复劝说难以奏效,她选择了离开。对此,阿泽木说,她会珍惜大家帮她建立的"新家",再也不走回头路。如今,阿泽木是西昌"爱之家"禁毒防艾工作站的志愿者,经常参加禁毒防艾宣传活动。她不仅自己远离了毒品,而且要帮助更多的人远离毒品。

第十章　无缝衔接：多渠道促进就业

经验内容

> 结合艾滋病戒毒人员具体情况，进行就业、创业教育和辅导，提供职业技能培训。针对就业帮扶、创业支持及操守保持设立帮扶基金。
>
> 专管大队持续照管艾滋病戒毒人员回归社会后的病情发展（包括美沙酮维持治疗和抗病毒治疗情况）、婚姻家庭、择业就业、家庭经济收入、最低生活保障、父母养老、子女就学、本人及其家属是否受到歧视、"四免一关怀"政策的落实等情况。拓宽结对共建等渠道，积极协调公安机关、司法机关、人社局、民政局、社区等职能部门共同参与后续照管工作，努力实现艾滋病戒毒人员在解除后生活有着落、就业有门路，提高艾滋病戒毒人员回归社会后的就业率，帮助攻克致贫返贫因素。

理论与实践背景

2020年是中国决胜全面建成小康社会、决战脱贫攻坚之年。四川省是中国的人口大省、经济大省，但在客观上，发展不平衡、

社会治理视域下禁毒防艾"四川经验"

不充分问题也比较突出。在 2013 年,全省有建档立卡贫困人口 625 万、占全国人口的 7%,且主要分布在川西北高原地区、大小凉山、秦巴山区和乌蒙山区这四大片区。凉山州、阿坝州、甘孜州更是需要重点扶贫的对象。[1] 可以说,四川省是中国扶贫任务最重的省份之一,是全国脱贫攻坚的主战场之一。同时,凉山州也是中国"毒情""艾情"较为严重的地区之一。在一定程度上,贫困地区存在一些容易诱发毒品犯罪并传播艾滋病的经济、文化因素,而"毒情""艾情"一旦不严格控制又会进一步加剧贫困。为贯彻落实习近平总书记"以解决突出制约问题为重点,强化支撑体系,加大政策倾斜,聚焦精准发力,攻克坚中之坚,确保深度贫困群众同全国人民一道进入全面小康社会"等一系列重要指示精神,必须要激发贫困地区贫困人口内生动力,激励有劳动能力的低收入人口勤劳致富,向着逐步实现全体人民共同富裕的目标继续前进。2020 年 10 月 17 日,在第七个国家扶贫日到来之际,国务院总理李克强作出批示指出,各地区、各部门要做好贫困劳动力稳岗就业,对存在返贫致贫风险人口提前加强针对性帮扶,确保高质量如期完成脱贫攻坚目标任务。

四川省"因毒致贫、因毒返贫、因贫涉毒"的贫困人口覆盖面广、贫困程度深、顽固程度强。"因毒致贫返贫"已成为禁毒人民战争和脱贫攻坚道路上的"绊脚石"。其他地方的实证研究也发现了,许多吸毒人员家庭"返贫"情况严重,许多家庭甚至因此走上依靠低保维持生活的道路。这主要有以下原因:一

---

[1] 彭清华:《在四川脱贫攻坚新闻发布会的主发布词》,载《四川日报》2020 年 9 月 10 日,第 2 版。

第十章 无缝衔接：多渠道促进就业

是大部分吸毒者是青壮年，是家里的主要劳动力，也是家庭经济的主要支持者，并且在吸毒后造成了自己劳动力的下降甚至丧失，导致家庭生产能力迅速变弱；二是吸毒者需大量的毒资，在吸毒一段时间后，家里值钱的东西基本上会被变卖一空；三是多次戒毒和美沙酮维持治疗也需要花费不少的资金。[1]

染毒和涉艾两者相结合，对许多家庭而言，可谓是"雪上加霜"，往往会大幅提高贫困发生率。艾滋病戒毒人员的脱贫工作是脱贫攻坚道路上必须啃下的一块"硬骨头"。这部分群体的社会特征如何？他们及其所在的家庭为何较其他人群更容易发生贫困，而且脱贫更加困难？项目组在对50名艾滋病戒毒人员进行访谈时发现了以下社会特征：在年龄分布上，呈现出青壮年的特征，年龄分布主要集中在20岁~40岁之间，其中，最小年龄为22岁，最大年龄为55岁。男性的平均年龄为33岁，女性的平均年龄为34.35岁；在文化程度上，受过高等教育及以上的戒毒人员很少，文化素质普遍偏低，其中，高学历人群仅占6%，高中或高中以下学历者占94%（初中占比36%）；离婚及丧偶、无稳定工作、无固定住所等不稳定因素的所占比率分别为26%、44%和10%。

表5 四川省50名艾滋病戒毒人员的人口统计特征

变量	指标	调查数（人）	构成比（%）
年龄（岁）	20~30	22	44

---

[1] 阮惠风等：《当前基层禁毒工作存在的困难与对策——以保山市腾冲县为例》，载《云南警官学院学报》2015年第4期。

续表

变量	指标	调查数（人）	构成比（%）
	31~40	21	42
	41~50	6	12
	>50	1	2
民族	汉族	27	54
	彝族	20	40
	藏族	1	2
	羌族	2	4
文化程度	未上过学	4	8
	小学	8	16
	初中	18	36
	高中	8	16
	中专	6	12
	大专	3	6
	大学	3	6
婚姻状况	未婚	20	40
	婚姻存续	17	34
	离婚及丧偶	13	26
就业状况	有稳定工作	28	56
	无稳定工作	22	44
住所状况	有固定住所	45	90
	无固定住所	5	10

相对而言，是否具有稳定的工作是制约艾滋病戒毒人员回归社会效果的最主要的因素。就业权的实现事关艾滋病戒毒人员的生存保障、社会融入，以及个人发展。多渠道就业也是帮

第十章　无缝衔接：多渠道促进就业

扶这一群体的关键所在。他们在出所后需要通过就业来实现"安身立命"，并改善家庭经济状况，也需要通过就业来重新融入现代社会。问题在于，许多艾滋病戒毒人员因为污名、歧视等原因遭遇就业机会匮乏、谋生环境恶劣。当前，为了巩固所内的教育矫治效果，各地司法行政戒毒系统普遍在想方设法地促进艾滋病戒毒人员出所后的就业率。保障艾滋病戒毒人员的就业率，不仅有利于巩固现有脱贫攻坚成果，而且有助于防止他们继续致贫返贫。

具体操作要点

鼓励艾滋病戒毒人员学习文化知识。对参加电大、函大、高等教育自学考试的艾滋病戒毒人员，帮助其协调有关部门为他们提供必要的条件。

协调有关部门对艾滋病戒毒人员进行职业技能培训。例如，四川省资阳强制隔离戒毒所每月举办一期职业技术培训。

成立转介帮扶中心，帮助艾滋病戒毒人员对接强制隔离戒毒决定机关、户籍所在地或者现居住地公安机关、户籍所在地或者现居住地司法机关、户籍所在地或者现居住地疾控中心、户籍所在地或者现居住地定点医疗机构、户籍所在地或者现居住地民政部门和社区，完成艾滋病戒毒人员基本信息转介、医疗信息转介以及后续照管工作。专管大队持续照管艾滋病戒毒人员回归社会后的病情发展（包括美沙酮维持治疗和抗病毒治疗情况）、婚姻家庭、择业就业、家庭经济收入、最低生活保障、父母养老、子女就学、本人及其家属是否受到歧视、"四免一关怀"政策的落实等情况。积极协调公安机关、司法机关、

社会治理视域下禁毒防艾"四川经验"

人社局、民政局、社区等职能部门共同参与后续照管工作，努力实现艾滋病戒毒人员在解除后生活有着落、就业有门路，以提高艾滋病戒毒人员回归社会后的生活质量，降低复吸率。艾滋病戒毒人员在解除强制隔离戒毒后主动到户籍所在地的派出所、司法所及社区报到，专管大队积极动员家属尽可能亲自将艾滋病戒毒人员送往相关部门报到。

艾滋病戒毒人员原所在大队对其建立联系表，实行一人一档制度。对每一个回归社会的艾滋病戒毒人员建立专档，进行持续回访并对每次回访的内容、回访的效果、回访对象表现等进行记录并归档。对在持续回访中发现有复吸可能的，专管大队及时通知该艾滋病戒毒人员所在的派出所、司法所及社区。艾滋病戒毒人员"回归"后不到派出所、司法所、社区报到的，其原专管大队在耐心动员的同时，向其户籍所在地派出所、司法所、社区报告。在出所艾滋病戒毒人员遇到生活、工作、家庭重大变故或困难时，积极联系当地政府帮助其解决照管对象基本生活、子女就学、就医等问题；及时联系当地相关帮扶组织，对其进行送物资、送技能、送就业信息等帮助，切实帮助其脱离困境。

对1年以内解除强戒的艾滋病戒毒人员，每月电话回访一次本人、回访一次居住社区，每半年走访一次本人、走访一次社区，重点掌握艾滋病感染者的社会适应情况和社会接纳情况。如艾滋病戒毒人员遇到特殊情况，加大回访和走访密度、广度和深度，全面联系相关的政府部门了解事实真相，协调相关部门按政策对艾滋病戒毒人员予以帮扶。对1年以上2年以内解除强戒的艾滋病戒毒人员，每季度电话回访一次本人、回访一

第十章 无缝衔接：多渠道促进就业

次居住社区，每年走访一次本人、走访一次社区，重点了解掌握艾滋病戒毒人员的社交活动情况，侧面了解其复吸毒品的环境情况。如发现艾滋病戒毒人员与原来的毒友交往过密，直接报告公安机关，打击吸毒、贩毒人员。所有回访和走访的情况要做好记录，存入个人档案。

效果评估

针对"无缝衔接，加强技能培训与资金支持，多渠道促进就业"是否属于四川特色工作经验，项目组对四川省资阳强制隔离戒毒所、四川省女子强制隔离戒毒所一线工作人员的自评问卷结果显示，前者自评平均分为9.12，后者自评平均分为8.88。

与省就业服务管理局签订了《戒毒康复人员就业扶持和救助服务战略合作协议》
- 从政策宣传、就业指导、技能培训、创业服务、兜底帮扶等方面推动戒毒康复人员顺利就业
- 截至2020年6月，共8724名戒毒人员自愿参加职业培训，5040人获得各类等级证书

与共青团四川省委常态化推进三支志愿者队伍建设，提供"课程化"技能培训
- "情有毒终"青年戒毒志愿者服务
- "青春志愿·迷途导航"社会帮教志愿服务
- 创就业导师

与红旗连锁股份有限公司签订《党组织结对共建协议书》
- 探索政企党建共建
- 借力该零售企业线上平台和线下3200多家网点，帮助戒毒康复人员实现就业
- 营造社会参与帮扶戒毒康复人员就业的良好氛围

图10-1 四川省戒毒管理局多渠道促进就业图谱

促进艾滋病戒毒人员顺利回归、充分就业不是一蹴而就的，

需要经过长期的探索。真实的就业率具有浮动性，且受到多种因素的影响。就所内而言，进行职业培训，授予等级证书是一项非常重要的基础性工作。项目组在访谈时发现，工作人员和艾滋病戒毒人员对于四川省司法行政戒毒系统在教育矫治、转介帮扶工作中评价最高的是引入志愿者和导师进行就业与创业的职业培训、积极探索"结对共建"渠道等就业帮扶措施。例如，截至2020年6月，共8724名戒毒人员自愿参加职业培训，5040人获得各类等级证书。

典型案例

案例1：汤某当上了"老板"。艾滋病戒毒人员汤某，在进入四川省资阳强制隔离戒毒所后积极参加职业培训。在出所后，汤某在专管大队的关心和指导下，决定自己创业。他在C市J县开始从事瓷砖建材生意。现在，其铺面规模260平方米，库房约1000平方米，员工5人，每月营业额在30万元以上。身边的亲友、邻居都对汤某的表现刮目相看，也为他提供了许多具体的帮助。

案例2：朱某走上了"快递"岗位。艾滋病戒毒人员朱某在四川省资阳强制隔离戒毒所参加了各种职业培训活动。出所回家后，朱某发现找到适合自己的工作很难。专管大队在回访时了解情况后，积极衔接，为其推送了一系列就业需求信息。最终，朱某在M市成功应聘某快递公司。现在朱某在快递公司已经稳定下来，月收入基本在2000元以上。

第十一章 "三个融入":"爱之家"指导站建设

经验内容

> 结合脱贫攻坚、社会治理、公共法律服务"三个融入"的工作要求,构建"禁毒+扶贫+民生"的工作大格局。
>
> 建立"爱之家"禁毒防艾法律咨询服务站,协助当地为场所转介的艾滋病戒毒人员提供后续照管;积极引入社会力量,发掘当地产业优势,推动其就业、安居、脱贫工作;开展常态化禁毒防艾法治宣传教育,引导法律服务机构和人员提供公益性法律咨询、辩护、代理、司法鉴定等服务。

理论与实践背景

1999年,哥本哈根社会首脑会议将"参与"列为良好管理的基本形式和发展的基本指标。在探索艾滋病戒毒人员戒治管理模式过程中,一个广泛的社会共识是:应当建立社会力量参与机制,以社会治理共同体意识为逻辑起点,坚持以实现艾滋

社会治理视域下禁毒防艾"四川经验"

病戒毒人员利益为目标,整合不同社会力量,形成社会治理合力。追求公共利益最大化的治理过程,其本质特征就是国家与社会处于最佳状态,是政府与公民对社会公共事务的协同管理。如果能以政府与民间、公共部门与私人部门之间的合作与互动去营造一种建立在信任与互利基础上的社会协调网络,它就能弥补国家和市场在调控和协调过程中的不足,并使公共利益最大化的社会管理过程得以实现。包括艾滋病戒毒人员分类管理与关怀救助在内的禁毒防艾工作,有必要体现综合的系统化思维,由政府为主导、各部门负责、全社会参与,形成相互衔接的框架结构和运行机制。

其中,在涉及贫困地区的禁毒防艾工作中,能否融入脱贫攻坚、社会治理、公共法律服务是影响转接帮扶、戒治成效的关键性因素。从国家禁毒委员会发布的资讯来看,禁毒脱贫工作取得了重大进展。2018年,国家禁毒委员会组织梳理排查出23.1万涉毒贫困人口,分级分类、精准扎实地开展禁毒脱贫工作。经过两年来的努力,23.1万人中目前已有22.7万人实现脱贫;2020年底前,禁毒扶贫攻坚要做到"三个确保",即确保现有涉毒贫困人口全部脱毒脱贫、确保有效遏制新增涉毒贫困人口并及时纳入管控、确保已脱贫涉毒贫困人口脱贫成效持续巩固,努力夺取禁毒脱贫攻坚的全胜。

当然,艾滋病戒毒人员与其他戒毒人员一样,其复吸问题、传播问题、就业问题等依然受制于整个社会治理系统中一些复杂的制度因素,还有许多处于"混沌"状态的结构化因素未被充分发掘、规制。根据中国科学家钱学森提倡的系统科学与"混沌"理论,系统是由相互作用和相互依赖的若干组成部分

第十一章 "三个融入":"爱之家"指导站建设

(元素)结合而成的,具有特定功能的有机整体。在具体的质性思考与量化分析中,一切事物的原始状态,都是一堆看似毫无关联的碎片,但是这种混沌状态结束后,这些无机的碎片会有机地汇集成一个整体。由此,探讨一个动态系统,就必须用整体、连续的,而不是单一的数据关系去解释和预测,并且分析其中的结构化因素。这对艾滋病戒毒人员的管理与关怀救助的启示是,其不仅是一个社会层面的治理问题,而且涉及人的认知结构、行为模式等方面的转变,涵括传统习惯、逻辑、教义、工具理性、价值理性等因素的考量。这也决定了对艾滋病戒毒人员实现有效的关怀救助,需要施以物质、心理、法律等方面的帮助。在各种主体性因素之间,达到"共情"的因素越多,解决复吸问题、传播问题、就业问题等的成功几率就越大。

具体操作要点

为了标本兼治地解决凉山州禁毒防艾问题,四川司法行政戒毒系统将工作重心积极融入脱贫攻坚、融入社会治理体系、融入公共法律服务体系,构建了"禁毒+扶贫+民生"的工作大格局。

为确保"三个融入"落实落地,四川省自 2018 年在布拖县建立第一个"爱之家"禁毒防艾法律咨询服务站以来,陆续在金阳、美姑、昭觉、喜德等地建立了工作站点。"爱之家"的主要职能包括以下六个方面:一是所地共同探索吸毒人员教育戒治模式。在"爱之家"禁毒防艾法律服务工作站,戒毒人员的亲属只要提前申报,就能远程探视各站点相对应强制隔离戒毒所内的戒毒人员。二是所地共同协调解决在收治管理、教育戒

社会治理视域下禁毒防艾"四川经验"

治中的问题和困难。三是所地共同推进禁毒防艾和脱贫攻坚工作。工作站将协助当地为场所转介的艾滋病感染者（病人）提供后续照管，提供就业推介、职业培训，开展常态化禁毒防艾法治宣传教育。四是引导法律服务机构和人员面向社会弱势群体、困难家庭、强制隔离戒毒人员、艾滋病感染者等提供公益性法律咨询、辩护、代理、司法鉴定等服务。五是协调当地有关部门对戒毒人员未成年子女、困难家庭给予帮扶。六是通过站点，积极引入社会力量，发掘当地产业优势，推动戒毒康复人员就业、安居、脱贫工作。

图11-1 "爱之家"喜德工作站民警走访戒毒人员家庭

截至目前，"爱之家"先后组织戒毒民警、法律顾问、"法律明白人"、志愿者等人，利用"6·26"国际禁毒日、"12·1"国际艾滋病日、"12·4"宪法宣传周等重要时间节点，通过"坝坝

第十一章 "三个融入":"爱之家"指导站建设

讲法"、送法进校园、禁毒防艾文艺汇演等形式开展专项法治宣讲百余场次,服务群众、学生1.5万余人次,为群众提供法律咨询、法律援助7000余人次。

图11-2 "爱之家"布拖工作站开展"融入脱贫攻坚,全员禁毒防毒进校园"活动

效果评估

对于该经验内容,四川省资阳强制隔离戒毒所自评平均分为9.05,四川省女子强制隔离戒毒所自评平均分为8.82。

从公众号、抖音、微博等发布的相关定量数据和质性故事可以看出,"爱之家"在助力凉山州脱贫攻坚、转介帮扶上起到了桥梁纽带作用。项目组发现,其在宣传禁毒防艾、转介帮扶戒毒人员上,较为注重结合农村生产生活现实因素,非常重视民族宗教特点。例如,在"千村万户"禁毒大宣讲大教育活动中,四川省资阳强制隔离戒毒所援彝民警利用"凉山地区年"打工返乡的时间节点在村落组织开展了"支部+协会+家族"暨"歃血盟誓"仪式。在对 50 名艾滋病戒毒人员的访谈中,来自凉山州的人员最为关心和认同的是"爱之家"中的"远程视频探访平台",体现了所内所外联动的人文关爱。

典型案例

案例 1:"花椒""鸡仔"中的精准帮扶。刑满释放人员李某,曾因为贩毒被判处无期徒刑,而且因为吸毒感染艾滋病病毒。在服刑期间,由于表现良好,李某因减刑被提前释放。失去自由的 14 年,本应是李某人生中最美好的年华,但是,他却在这段时间里,遭遇了父母因病去世、弟弟车祸离世等家庭变故。他的内心感受是"百念皆灰:对生活不抱希望,对未来不抱希望"。"爱之家"民警及时介入,开展心理辅导,制定帮扶措施,利用帮扶资金,让他种植上了花椒,养起了鸡仔。他从心理纠结中逐步走出来,非常认真地开展种植与养殖,对丰收充满期待。

案例 2:"爱之家"帮扶苏某某家庭案例。艾滋病戒毒人员苏某某,从小和爷爷相依为命。在他 1 岁时,父亲就因吸毒去世。母亲在他 3 岁时也因病离世。他叔叔家同样还有 5 个孩子。这 5 个孩子的命运与他一样,父母因病离世,抚养这 6 个孩子的苦难和困顿,老人肩膀上的重担可想而知,其中的举步维艰非常人所能理解。苏某某作为长兄,从小到大都是他照顾其他 5 个小孩。苏某某于 2017 年结婚,并育有一儿一女。他爷爷也一天天老去,照顾他叔叔家的 5 个孤儿和他自己的两个孩子的重

第十一章 "三个融入":"爱之家"指导站建设

担转移到了他和妻子的肩上。家里的负担太重,压得他喘不过气来,寝食难安。在一次偶然的聚会中,他看到朋友在吸食毒品,并听说吸食了之后就能安心睡觉,没有烦恼,没有压力。他有了第一次"体验"之后,逐渐成瘾,并由烫吸改为注射。因共用针管,他在 2018 年一次医院就诊时被确诊为 HIV 阳性。在进入强制隔离戒毒所后,民警积极了解到苏某某来自家庭情况的压力源,在帮助他进行积极的抗病毒治疗的同时,通过"爱之家"重点帮扶他的家庭,多次前往其家中解决实际问题。

在中秋之际,"爱之家"禁毒防艾法律服务布拖县工作站联合布拖县司法局民警再次来到苏某某爷爷的家中,与老人、孩子共同度过了一个开心的团圆中秋节。抖音平台上的爱心人士定向捐赠的包裹共计 40 件。"爱之家"民警为老人换上了一套新衣服,帮助老人将所有包裹拆开并登记造册,暂时用不上的封箱留存,正值用得上的归纳分类,还将食品放大标注上生产日期和保质期;将老人屋子整理打扫了一番,然后铺上厚实的被褥,再换上干净的新床单、被套,让整个环境焕然一新,充满着秋冬的温暖;专门烹饪出一道道美味菜肴,有饺子、回锅肉、白菜圆子汤……老人对民警说,这一辈子都没见到过这么多的好东西,把屋子都堆满了,真诚地感谢"爱之家"工作站的民警和各位好心的网友,他还想多活几年,争取把这么多的好东西都能用上。苏某某在得知民警们对其家庭的帮助后,泪如雨下,表示"一定要戒除毒瘾,回去后好好善待家人,回报社会"。

第十二章 宣传矩阵：拓宽融媒体边界

经验内容

> 全面落实国家禁毒委员会《关于加强新时代全民禁毒宣传教育工作的指导意见》，以专业优势融入全民禁毒宣传体系，通过排练情景剧、微电影、微信公众号、抖音、直播等形式进行宣传教育、知识培训。
>
> 强化重点群体、重点节点、重点地区的禁毒防艾宣传，促进社会公众对艾滋病戒毒人员戒治工作的理解与支持，推动禁毒防艾工作的创新与发展。

理论与实践背景

禁毒防艾的宣传教育是一项重要的民生工程，关乎国家安危和民族振兴，影响社会和谐及人民福祉。在新时代全民禁毒宣传教育工作中，有两个关键性任务：一方面，将禁毒防艾宣传教育工作置于禁毒防艾工作优先发展的战略位置抓紧、抓好、抓实，着力提升全民禁毒防艾宣传教育的普及率，增强重点地区、重点人群关于毒品、艾滋病的预防性教育，压实全民禁毒防艾宣传教育的工作责任，构建新时代全民禁毒防艾宣传教育

第十二章　宣传矩阵：拓宽融媒体边界

体系，全面提升广大人民群众禁毒防艾意识。另一方面，随着社会环境的变迁，特别是互联网与新媒体的高速发展，在带来信息爆炸式增长、自媒体多元化呈现和网络社交便捷快速的同时，也引发了禁毒防艾宣传教育上的一些新情况、新问题、新趋势。

目前，有批评意见指出，我国实践中的一些禁毒防艾宣传教育呈现信度不足、效度不佳、程度不够的问题。[1]具体表现在以下几个方面：①关于艾滋病的疾病流行水平、传染途径、传染率、救治进展存在信息不全、信息虚假、信息冲突等问题，互联网上虚假信息与学术观点的混淆往往更容易引发社会大众的疑惑与恐慌。②关于禁毒防艾的宣传教育尚未达到精准宣传、覆盖到位，未能完全引起社会公众，尤其是重点人群的关注与重视。例如，虽然开展了多年的宣传教育工作，我国目前仍然有30%左右的感染者没有被发现，抑或他们都不知道自己的感染情况，更没有接受艾滋病检测的认识和意愿。③我国司法行政系统内关于禁毒防艾的工作实践，尤其是一些体现地方经验的做法，没有得到充分、全面、客观地评估，加上缺乏必要的宣传，社会公众对禁毒防艾工作进程的了解仍然只是冰山一角，其中存在巨大的信息不对称。

随着"互联网+"时代的来临，禁毒防艾宣传教育形式必须紧跟时代步伐，坚持科技引领，创新方式方法，着力推进网上宣传理念、内容、形式、方法、手段的创新，构建网上网下

---

[1]侯荣庭：《新形势下我国艾滋病宣传教育面临的困境与挑战》，载《人口与健康》2020年第5期。

同心圆，更好地凝聚社会共识。在报纸、杂志、网站等传统媒体依托下，各地积极探索并发挥微信、微博、抖音等新媒体的作用，通过积极创新宣传手段和方式，加强微信公众号、抖音短视频等新平台、新阵地建设，着力推进禁毒防艾宣传媒体的整合发展。摆在项目组前面的问题是，这些新平台、新阵地是否增强了禁毒防艾宣传教育的广泛性、普及性、渗透力、影响力？是否提升了社会公众识毒、防毒、拒毒能力？是否加深了社会公众对艾滋病及艾滋病感染者的理解与共情能力？

具体操作要点

四川省资阳强制隔离戒毒所于 2016 年 6 月开通微信公众号"四川省资阳强戒所"。四川省女子强制隔离戒毒所于 2016 年 5 月开通微信公众号"四川省女子强制隔离戒毒所"。四川省戒毒管理局于 2017 年 11 月开通微信公众号"四川戒毒"（图 12-1）。

四川省戒毒管理局官方抖音账号"四川戒毒"于 2019 年 3 月开通。宣传效果较为显著。例如，抖音"四川戒毒"官方账号中《视戒》系列第一集，讲述了四川省女子强制隔离戒毒所艾滋病专管大队大队长如何负重前行拯救一个个绝望的灵魂的故事。

根据四川省女子强制隔离戒毒所专管大队开展衔接帮扶工作而排练的情景剧《情满彝山》在全省巡回演出。每一场演出，都是宣传禁毒防艾工作的"火把"，在社会各界引起强烈反响。该剧主要讲述了彝族女子吉木子亚（角色名字）因丈夫贩毒被抓，承受不了打击从而"以毒消愁"，不幸染上毒瘾，被婆婆举报送进省女子强制隔离戒毒所戒毒。戒毒所民警及时对吉木子

第十二章　宣传矩阵：拓宽融媒体边界

亚进行心理疏导和帮助，地方政府部门也对她家进行了帮扶和救助。两年后，吉木子亚成功戒断毒瘾并回到家乡。她利用在戒毒所学到的刺绣技术挣钱生活，实现了脱贫致富。

图 12-1　四川省戒毒管理局官方抖音账号"四川戒毒"

效果评估

项目组发现，四川省戒毒局及四川省资阳强制隔离戒毒所、四川省女子强制隔离戒毒所的微信公众号平台通过每日推送的

社会治理视域下禁毒防艾"四川经验"

方式实现了系统内禁毒防艾工作的透明化、动态化展示。同时，从点赞数量、参与人数等来看，与官方网站、官方微博、头条号等平台联合，以图片、文字、视频等多样化的呈现形式，增强了面向社会公众的科普教育效果。例如，禁毒防艾情景剧《情满彝山》先后在成都、凉山、绵阳等各个市州及西南石油大学等高校巡演，仅凉山西昌、昭觉、布拖三地演出，前往观看人数就达到4000余人，同时有20余家新闻媒体进行了采访报道，互联网观看人次达到30余万。

四川省戒毒系统借助互联网、自媒体平台，通过多样化、智能化的宣传手段减轻了传统宣教模式的机械性，使关于禁毒防艾的宣传教育工作更加温暖、人性化。一方面，增强了社会公众的理解度与接受度；另一方面，对于艾滋病戒毒人员而言，他们由此可以获得更多的正能量与关怀，有利于帮助他们融入家庭、回归社会。关于此条经验是否属于有四川特色的工作经验，在四川省资阳强制隔离戒毒所自评平均分数为9.01，四川省女子强制隔离戒毒所自评平均分数为8.82。截至2023年10月16日，抖音"四川戒毒"共发布612个作品，粉丝量达到187.9万，获得4374.6万点赞量。

典型视频

四川省女子强制隔离戒毒所协同"腾讯网"拍摄的短视频《中国人的一天：女子吸毒三进戒毒所，只相信大队长》在"四川戒毒"官方抖音账号上收获11.5万点赞，在腾讯视频获得6.9亿专辑播放量。

剧本（影音描述+字幕）

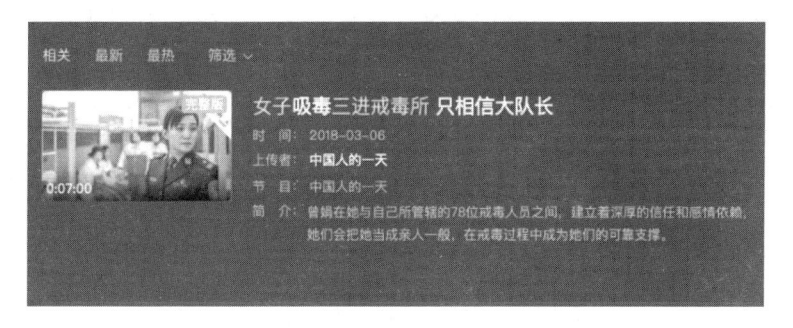

第十二章　宣传矩阵：拓宽融媒体边界

图 12 – 2　短视频《中国人的一天：女子吸毒三进戒毒所，只相信大队长》

2017 年 12 月 21 日，四川省女子强制隔离戒毒所。饭点时，艾滋病戒毒人员穿着统一的服装，伴随着"一二一"的口号整齐划一地向食堂走去。

采访对象：四川女子戒毒所 HIV 专管大队大队长曾娟

曾娟："其实当时（2000 年）才到这个大队来的时候，我家里人跟我说，你以后少回家，不要回来，不要碰我们，说免得传染。他们说'娃娃还小，我们还要帮你带娃娃'。但我还是会跟他们讲我们这里面感人的事情，让他们也多了解一下我们的工作，多了解一下 HIV 感染者他们的心理，让他们万一在社会上遇到这样的艾滋病感染者，不要歧视他们，不要嫌弃他们。"

曾娟："戒毒所里的 HIV 感染者每天都要服用钙片和各种药物，有增加红细胞、减少贫血的药物，也有增加白细胞的药物。"

镜头。曾娟为额头上长疱疹的感染者涂药，曾娟一边上药，一边苦口婆心地嘱咐说："你不要用手去抓，听到没有。"

社会治理视域下禁毒防艾"四川经验"

镜头。2017年12月23日,一位骨瘦如柴的吸毒人员A因第三次复吸毒品被送进戒毒所。在更衣间,曾娟看着A脱衣服,进行深蹲检查,并教育其他人:"她吸毒成啥样子了,你看这新型毒品对你伤害好大。"

旁白。2012年一次深蹲检查中,曾娟发现一位戒毒人员私密部位藏有52包毒品。

曾娟:"这名戒毒人员,她是第三次进戒毒所了。第一次呢,其实她的各方面表现都很好,然后入所来了以后也很配合。第二次来呢,身体状况差一些了。她这一次出去以后家里面很嫌弃她,也很歧视她,就把她一个人关在屋子里面。每天送饭,到了吃饭的时间把饭端进去给她,吃完饭就把她锁在屋子里面不准她出门。她那个屋子里面就只有电脑和她自己。第三次进来,她就一直喊我,或者是同戒,必须在旁边要有人陪伴她,她说她不要一个人。"

镜头。夜晚。在戒毒所的宿舍里。A自己一个人蜷缩在被子里。曾娟在旁边问她:"冷不冷?"旁边的其他人告诉曾娟:"她接了一瓶热水了。"A跟曾娟说:"好累。"楼道里。这位"三进所"的戒毒人员毒瘾犯了。A跟曾娟说:"我就想好好地抽根烟,好好地坐一下。"

A由于毒品的影响已经产生了幻听,一直对旁边说:"不要个个看到我咯。"B告诉她:"没有人看到你。"但她还是一直在说:"我又听到(有人)打鼓了。"

曾娟:"她吸食新型毒品造成幻听。她总觉得旁边的人都在说她,都在歧视她,总觉得她是HIV感染者,喊她离大家远一点,然后不要和大家说话。"

第十二章 宣传矩阵：拓宽融媒体边界

镜头。在宿舍里，曾娟和几位戒毒人员正在聊天。B 说："（明天）出去的打算就是听我妈妈的话，不要再吸毒了，好好找个工作，千万不要再吸毒了。这个就是案例。看她现在那个样子，我看着特别心酸。她要是不说话，听不到她声音，没听到她说话的声音时，我都认不出来是她，好吓人啊，毒品真的是害人。"

曾娟："快了，你妈说你还有 101 天就出去了。"

C 说："我妈也是给我算（日子），算日子算得比我还精确。"

曾娟："她爸今天接见就说了，还有 101 天就出来了。"

曾娟（面对采访镜头）："戒毒人员（隔离）两年满了以后出所，然后家属来所里接的时候，家属就不愿意接走。他就愿意我们这里继续照管他的子女，或者是他的父母，他的朋友这些。"

镜头。在宿舍里，D 跟大家说："当时来我们大队（戒毒）的时候，我才反应过来，我还没结婚，我还没生娃娃怎么办。"

曾娟："现在结婚生娃娃的那个（戒毒人员），当时就是来我们大队哭得哇哇的，她说我还没结婚，还没生娃娃。我还得了这个病。（她）哭了一晚上。现在，结婚生娃娃了。"

曾娟："但是，你敢不敢把 HIV 这个病跟家人说，跟配偶说？"

镜头。曾娟："其实（戒毒人员）在我们这学习过以后，她们有很大决心在出去之后是要戒除毒瘾的。出去之后，她们也一直和我在电话联系、微信联系，一直都在联系，其实对生活是充满了信心。但是，外界对她们不理解，对她们歧视。进来之后，有的第一句感叹的话就是，还是这里面好，至少没有歧视。这句话，我觉得听得很是心酸。她们总觉得进来之后好像

社会治理视域下禁毒防艾"四川经验"

是松了一口气,好像觉得在我们这里面才是最自由的。出去之后,就像是在监狱里面,让她们有那种束缚感。"

镜头。在戒毒所外,一位正在等待自己女儿出来的单亲母亲对采访者说:"随着年龄的增长,我们在沟通上可能要差一点,加上我又忙,所以,我一再尽我的能力。我错在哪?我也对她哭。我首先就是不能给她一个完整的家庭,从小就缺少父爱。她父亲根本就不管她。"谈到女儿出所后的未来,这位母亲说:"从头再来,没法。"

镜头。2017年12月25日。曾娟联系已经结婚的出所戒毒人员做家访,在电话里说:"你把你的家庭住址给我发一个到手机里,到时候我看。这两天如果我要来的话,我就提前通知你哪天来,你就等到我。"

镜头。家访当天。开车来接曾娟的出所戒毒人员E对后座的曾娟说:"感谢你们,要不然我哪有笑脸哦。"

曾娟:"没有没有,这是我们应该做的。"

E已经怀孕,预产期就在2020年1月7日。家访中,对于戒毒人员怀孕生子的话题,曾娟说:"她们有一些娃娃有病的是没有吃阻断药,其他人吃了阻断药,娃娃都是健康的。生了娃娃要更加听话,以后要好好带娃。"

镜头。这位戒毒后的准妈妈连连点头:"现在就是在外头晒晒太阳。"

曾娟:"但是,你这种(情况)生了娃娃的检查,还是要到医院去看。检查以后确认没有那个病,但是你自己跟他/她的接触还是要注意。"

中 编
技术指南

说　明

为加强禁毒防艾工作，建立健全艾滋病戒毒人员分类管理与关怀救助的技术方法体系，规范和指导四川司法行政戒毒系统具体业务工作，向其他省市戒毒系统宣传和推广其中的工作经验，在四川省戒毒管理局的直接指导和支持下，结合国际、国内禁毒防艾工作规律和发展趋势，北京师范大学法学院、四川省资阳强制隔离戒毒所、四川省女子强制隔离戒毒所项目组联合编制了《四川司法行政戒毒系统艾滋病戒毒人员分类管理与关怀救助技术方法框架性指南》（以下简称技术指南）。

本技术指南中，艾滋病戒毒人员，不同于（普通）戒毒人员、艾滋病感染者，是指接受强制戒毒措施的艾滋病感染者，具有染毒、涉艾双重角色。[1]本技术指南中，分类管理是一种组

---

〔1〕　本技术指南的制定参考了域外主要国家新近在艾滋病防治方面的技术性指南，包括世界卫生组织（WHO, The World Health Organization）于2016年发布的《重点人群 HIV 感染的预防，诊断，治疗和护理》（*Consolidated guidelines on HIV prevention, diagnosis, treatment and care for key populations*）；国际性病控制联盟（IUSTI）于2014年发布的《2014 欧洲 HIV 检测指南》（*2014 European Guideline on HIV testing*）；美国疾病控制与预防中心（CDC, Centers for Disease Control and Prevention）于2014年发布的《美国定义为 HIV 感染病例的监测（修订版）》（*Revised surveillance case definition for HIV infection*）和2016年发布的《新版性暴露、静脉吸毒及其他 HIV 非职业暴露后预防指南》（*Updated Guidelines for Antiretroviral Postexposure Prophylaxis After Sexual, Injection Drug Use, or Other Nonoccupational Exposure to HIV*）；美国国家卫生研究院（NIH, The National Institutes of Health）于2011年发布的《灾区感染 HIV 难民治疗指南 – 供非 HIV 专业医护人员使用》（*Guidance for Non-HIV-Specialized Pro-*

社会治理视域下禁毒防艾"四川经验"

viders Caring for HIV-Infected Residents Displaced from Disaster Areas);美国感染病学会（IDSA，Infectious Diseases Society of America）于 2013 年发布的《HIV 感染者管理的初级医疗指南》（Primary Care Guidelines for the Management of Persons Infected With HIV）；美国预防医学工作组（USPSTF，U. S. Preventive Services Task Force）于 2019 年发布的《USPSTF 建议声明：预防 HIV 感染的暴露前预防》（Preexposure Prophylaxis for the Prevention of HIV Infection：US Preventive Services Task Force Recommendation Statement）和《USPSTF 建议声明：HIV 感染的筛查》（Screening for HIV Infection：US Preventive Services Task Force Recommendation Statement）；美国国家综合癌症网络（NCCN，National Comprehensive Cancer Network）于 2019 年发布的《NCCN 临床实践指南：HIV 感染者癌症（2019. V2）》（NCCN Clinical Practice Guidelines in Oncology：Cancer in People Living with HIV，Version 2. 2019）；英国艾滋病协会（BHIVA，British HIV Association）于 2018 年发布的《2018 BHIVA 指南：HIV 携带者结核病的管理》（British HIV Association guidelines for the management of tuberculosis in adults living with HIV 2018）；英国性健康和艾滋病协会（BASHH，British Association for Sexual Health and HIV）于 2015 年发布的《英国指南：HIV 暴露后性接触的预防》（UK guideline for the use of HIV Post-Exposure Prophylaxis Following Sexual Exposure）和 2018 年发布的《2018BHIVA/BASHH 指南：HIV 暴露前预防疗法》（BHIVA/BASHH guidelines on the use of HIV pre-exposure prophylaxis（PrEP）2018）；英国国家卫生与临床优化研究所（NICE，National Institute for Health and Clinical Excellence）与 2016 年发布的《NICE 指南：HIV 检测（NG. 60）》（NICE guideline［NG60］：HIV testing: increasing uptake among people who may have undiagnosed HIV）；加拿大卫生研究院（CIHR，Canada Institute of Health Research）于 2017 年发布的《加拿大 HIV 暴露前预防和非职业性暴露后预防指南》（Canadian guideline on HIV pre-exposure prophylaxis and nonoccupational postexposure prophylaxis）和 2019 年发布的《加拿大指南：HIV 暴露前预防以及职业外暴露后预防》（Canadian guideline on HIV preexposure prophylaxis and nonoccupational postexposure prophylaxis for pharmacists）；澳大利亚艾滋病医学会（ASHM，Australasian Society for HIV medicine）于 2018 年发布的《ASHM 临床指南：HIV 暴露前预防（更新版）》（Australasian Society for HIV, Viral Hepatitis and Sexual Health Medicine HIV pre-exposure prophylaxis：clinical guidelines）；青少年健康与医学学会（SAHM，Society for Adolescent Health and Medicine）于 2018 年发布的《SAHM 意见书：青少年和年轻成人 HIV 暴露前预防性用药》（HIV Pre-Exposure Prophylaxis Medication for Adolescents and Young Adults: A Position Paper of the Society for Adolescent Health and Medicine）；韩国艾滋病学会（Korean Society for AIDS）于 2018 年发布的《2018 临床指南：韩国 HIV 感染者 HIV/AIDS 的诊断和治疗》（The 2018 Clinical Guidelines for the Diagnosis and Treatment of HIV/AIDS in HIV-Infected Koreans）等。

说 明

织化、结构化的管理模式,而且呈现双明化、透明化特征。作为模式化的分类管理,是将艾滋病戒毒人员与其他戒毒人员分开,集中在专门大队,设置专门区域,并在戒治、习艺、康复、医疗等方面保持相对独立,民警与戒毒人员均知悉谁是艾滋病感染者。

  本技术指南作为技术方法框架性指南,在整合近些年禁毒防艾理论研究前沿成果的基础上,选择性地吸收了《四川省司法行政戒毒系统十一个地方标准》等专业性规范,同时借鉴了近些年来四川省戒毒管理局及下辖四川省资阳强制隔离戒毒所、四川省女子强制隔离戒毒所等发布的规范性文件、工作论文。[1]本技术指南以条文形式列举安全管理、人文关爱、医疗救治、权益维护、教育矫治和转介帮扶的宗旨、流程、主要技术、主要方法,主要供司法行政戒毒系统相关单位及工作人员参考。

---

  [1] 本技术指南依据保障基本权利的要求,对四川省关于艾滋病戒毒人员管理工作的一些地方性标准做出了功能性调整。例如,根据通信秘密与通信自由权利保障要求,删除了《司法行政强制隔离戒毒所所政安全管理规范》中关于"艾滋病戒毒人员和探访人员之间采用电话隔离交流,警察进行监听"的规定;根据针对民警合法权益保障要求,删除了《四川省资阳强制隔离戒毒所职业暴露感染艾滋病病毒处理程序规定实施细则》中关于"发生职业暴露后,不及时到医疗机构进行局部紧急处理,不按照规定时间上报,后果由当事人自负"的规定。

第一章　安全管理指南

本技术指南中的安全管理，是指确保分类管理场所安全稳定，以保障戒治活动的顺利进行、有效发展。四川省资阳强制隔离戒毒所、四川省女子强制隔离戒毒所在分类管理艾滋病戒毒人员时，依据《禁毒法》《戒毒条例》《司法行政机关强制隔离戒毒工作规定》等国家规范性文件，结合《司法行政强制隔离戒毒场所所政安全管理规范》（四川省戒毒管理局、四川省资阳强制隔离戒毒所、四川省特种设备司法鉴定中心；DB51/T 2315—2017）等地方化标准，优化"人防""物防""技防"措施，实施了以"零距离"为特色的安全管理工作。

本技术指南包括安全稳定工作领导小组、所政管理科、教育康复科、生活卫生科、警戒护卫大队、专管大队等参与安全管理工作的主要规定和操作要求。

第一条　【宗旨】

紧紧围绕确保所政安全稳定目标，将专业化"人防"、精准化"物防"、现代化"技防"贯穿于安全管理工作始终。

保证场所中艾滋病戒毒人员与一线民警、医护人员的"双向安全"。

民警以"零距离"为要求实施分类管理与关怀救助，对艾滋病戒毒人员做到无间隙地可亲可近，实现对安全风险地可防可控。

强化安全管理，应当注重警力配置的合理性，同时注意保障艾滋病戒毒人员与一线民警、医护人员的合法权益。

第二条　【警力配置】

强制隔离戒毒所一线警力配置应不少于警察总人数的75%。专职安全警戒人员不得少于安全警戒警察总数的60%。

有女性强制隔离戒毒人员的应配备适当数量的女性安全警戒警察。

第三条　【安全职责】

强制隔离戒毒所各部门、全体民警都负有维护场所安全稳定的责任。

1. 安全稳定工作领导小组

a）负责研究强制隔离戒毒所安全稳定工作；

b）组织全所安全稳定形势研判；

c）解决影响强制隔离戒毒所安全稳定的隐患和问题；

d）安排部署安全稳定工作。

2. 所政管理科

a）健全完善安全管理制度；

b）督促、指导大队落实各项安全管理制度。

3. 教育康复科

a）指导督促开展艾滋病戒毒人员的教育活动，促进艾滋病戒毒人员思想稳定；

b）宣讲戒毒知识、艾滋病防治知识及开展防复吸训练；

c）运用心理咨询技术开展危险性评估，对重点人员进行心理危机干预。

4. 生活卫生科

a）确保艾滋病戒毒人员吃熟、吃热、吃卫生、吃够标准；

b）抓好医疗救治和卫生防疫工作。

5. 警戒护卫大队

a）负责门卫工作；

b）警戒执勤工作；

c）所区及围墙内外巡逻、检查，协助清查违禁物品；

d）视频监控；

e）艾滋病戒毒人员转移调遣；

f）应急预案制定及演练，突发事件处置。

6. 专管大队

a）执行各项安全管理制度；

b）维护艾滋病专管大队持续安全稳定。

第四条 【安全教育】

强制隔离戒毒所应当开展多种形式的安全教育，不断提高强制隔离戒毒所全体人员安全防范意识。

1. 强制隔离戒毒所每年应当集中开展安全教育，每名民警应接受不少于 8 课时的安全培训。对新录用或调入戒毒所的民警，应当开展不少于 40 课时的安全培训，考试合格后方可上岗；

2. 强制隔离戒毒所每季度应当集中对警务辅助人员开展 1 次安全教育。对新聘用的警务辅助人员，应当开展不少于 24 课时的安全培训，考试合格后方可上岗。应当定期对强制隔离戒毒所职工、外协人员开展安全教育，半年内至少开展 1 次安全教育；

3. 强制隔离戒毒所应当对新收治的艾滋病戒毒人员开展安全教育，教育时间不得少于 4 课时。专管大队应当定期开展安全与稳定教育、遵规守纪服从管理教育、法律常识教育。强化针对脱逃、自伤自残自杀、故意伤害、寻衅滋事、恶意传播等安全事故的预防教育，宣讲安全事故的法律后果。

第五条 【精准化管理】

强制隔离戒毒所专管大队应当全面掌握每一名艾滋病戒毒人员入所前基本信息、入所后的戒治情况、出所后转介衔接情况、后续照管情况等信息，进行全程精准化管理。

逐人建立"静态、动态跟踪管理信息表"，内容涵盖其静态、动态风险信息，主要调查和记录有无从军从警经历、违法犯罪情况、接受帮教情况、门诊及离所就医与所外住院情况、强戒次数、艾滋病感染年限与感染途径情况、变更信息情况、身份信息台账等。

第六条 【分类管理、分区管理、分级管理】

针对艾滋病戒毒人员体质差、病情复杂、多民族共同收治的特点，对同民族、同区域的人员进行分类管理，减少人际冲突和适应障碍。

严格摸排艾滋病戒毒人员中同性恋群体情况，建档立卡，实行分区、分楼、分舍的管理模式。

依据艾滋病、肺结核双感染戒毒人员病情区分高危级、危险级、普通级，设置隔离区域、隔离舍房、隔离餐桌，严防传染事件。

第七条 【定置管理】

艾滋病戒毒人员在专管大队民警的指导和监督下，以宿舍为单位，组成3~10人的包夹互助小组。以联号的方式确定艾滋病戒毒人员集合列队、习艺劳动、学习、就餐、就寝等位置。

第八条 【"十个亲自"管理】

以安全防护为前提，强制隔离戒毒所专管大队民警实行以"零距离"为要求的亲自管理，确保艾滋病戒毒人员遇到情况能够及时找到民警。

专管大队民警对艾滋病戒毒人员戒治、生活、卫生、习艺、服药等环节以及"四大现场"、重要时段、重点部位应当进行亲自排查、亲自管理。

"十个亲自"管理的规定如下：

1. 亲自组织艾滋病戒毒人员起床、就寝；
2. 亲自组织艾滋病戒毒人员点名、巡查；
3. 亲自组织艾滋病戒毒人员出操、训练；
4. 亲自组织艾滋病戒毒人员派工、劳动；
5. 亲自组织艾滋病戒毒人员学习、上课；
6. 亲自组织艾滋病戒毒人员开饭、就餐；
7. 亲自组织艾滋病戒毒人员活动、娱乐；
8. 亲自组织艾滋病戒毒人员考核、评比；

第一章　安全管理指南

9. 亲自组织艾滋病戒毒人员就医、休息；

10. 亲自处理艾滋病戒毒人员矛盾、纠纷。

第九条　【重点环节管理】

1. 重点环节

a）接收艾滋病戒毒人员环节（含探视回所）；

b）外来人员、车辆物品进出戒毒管理区环节；

c）出收工环节；

d）生理脱毒治疗、所内就诊（住院）、离所就医和住院治疗环节；

e）对艾滋病戒毒人员使用保护性约束措施或者单独管理环节；

f）探访、艾滋病戒毒人员拨打亲情电话和远程视频通话环节；

g）提审、开庭环节；

h）调遣、转送环节；

i）其他需要防控的重点环节。

2. 管理措施

a）严格执行艾滋病戒毒人员入所检查程序和项目，对随身衣服严格检测，消毒集中管理；

b）艾滋病戒毒人员探视回所的，按照接收程序进行检查；

c）严格执行戒毒管理区大门安检制度，对进出人员、车辆和随车装卸物品进行认真检查和检测，并由民警全程监控；

d）艾滋病戒毒人员出收工时，离所就医回所时或者参加集体活动出入戒毒大队时，民警逐人进行安全检查；

e) 艾滋病戒毒人员所内就诊（住院）、离所就医或者住院治疗时，按照规定配备警力，加强直接管理，做好相关记录；

f) 按照规定时间、程序依法使用保护性约束措施和单独管理；

g) 艾滋病戒毒人员家属、工作单位或者就读学校人员来所探访在探访室进行，公安机关提审在提审室进行，必要时民警及时终止探访和提审；

h) 艾滋病戒毒人员拨打亲情电话或者远程视频通话时，民警现场直接管理；

i) 组织艾滋病戒毒人员调遣和转送时，制定工作方案和应急预案，按照规定配足配强警力，加强协调配合；

j) 其他有针对性的防控措施。

第十条 【场所安全研判制度】

强制隔离戒毒所安全稳定形势研判应包含以下内容：

1. 驻地社会安全形势及可能对强制隔离戒毒所工作造成的影响；
2. 落实上级领导机关工作部署情况；
3. 收治基本情况及趋势预测；
4. 重点人员身体健康状况及行为表现；
5. 安防设施运行情况；
6. 安全隐患整改情况；
7. 安全事故及原因分析；
8. 民警队伍思想动态、履职情况及其他影响民警队伍稳定的情况；

9. 其他影响场所安全稳定的情况。

第十一条　【专管大队安全研判制度】

专管大队应严格落实安全排查制度，及时发现安全隐患并进行整改，不能立即整改的应及时上报并采取临时防范措施。

1. 周安全检查制度：每周对艾滋病戒毒人员进行尿液抽检等周安全检查活动，防止违禁品、违规品、毒品流入；

2. 周研讨制度：每周召开队务会对艾滋病戒毒人员思想状态及管理教育戒治情况、危急重病强制隔离戒毒人员处置情况、重点人员情况及包夹管控措施等进行综合研讨分析，查漏补缺，防止所内发生安全事件；

3. 日研判制度：每日由值班领导、值班民警牵头，就专管大队今日戒治情况、重点人员、重点病员、安全设施等情况向全队民警进行介绍并集体研判，总结每日安全管理得失。

第十二条　【专题研判】

针对以下情形应当进行专题安全稳定形式研判：

1. 重大安全保卫活动；

2. 重大突发公共事件；

3. 重要敏感期和节日；

4. 艾滋病戒毒人员对重大事件、重要活动有明显反应以及发现影响安全稳定的重大隐患等。

第十三条　【安全风险评估】

强制隔离戒毒场所及专管大队应当基于安全研判内容形成

定期的安全风险评估报告。

1. 安全风险评估内容

a）安全教育和考核结果；

b）安全排查结果；

c）形式研判结果；

d）特殊异常信息。

2. 安全风险评估意见

a）安全监测和控制重点；

b）高度、中度、低度安全风险等级；

c）对应安全风险级别的防范措施。

第十四条　【应急管理】

强制隔离戒毒所专管大队应严守安全与稳定红线，建立健全突发事件应急机制，设置应急指挥中心，组建应急处突队伍，配备应急处突装备，防微杜渐。针对突发情况要求民警第一时间到达第一现场做到第一执法。

强制隔离戒毒所应依据有关法律法规，结合自身类型、规模、结构等情况分别制定相应的突发事件应急预案，应急预案应包括：

1. 管教安全；

2. 生产安全；

3. 公共卫生；

4. 群体性上访；

5. 重大舆情；

6. 自然灾害；

7. 重大交通事故；

8. 民警和医务人员职业暴露；

9. 其他已经或可能对戒毒工作、民警形象造成严重社会影响的重大敏感事件。

第二章 人文关爱指南

本技术指南中的人文关爱，是指基于人文主义关怀所实施的针对艾滋病戒毒人员需求，促进其顺利进行戒治的关心与爱护措施。

本技术指南参照了四川司法行政戒毒系统《司法行政强制隔离戒毒场所生活卫生规范》（DB51/T 2314—2017）和《四川省资阳强制隔离戒毒所职业暴露感染艾滋病病毒处理程序规定实施细则》等文件，并且吸收了近些年来四川省资阳强制隔离戒毒所、四川省女子强制隔离戒毒所在坚持家园式改革方面的一些具体做法和经验。

第一条　【基本理念】

为减轻艾滋病戒毒人员的戒治压力，专门营造家园式戒治环境。人文关爱措施秉承的基本理念是"依法、关爱、矫治、更生"。"依法"是前提，"关爱"是基础，"矫治"是核心，"更生"是目标。

艾滋病戒毒人员的生活区建筑装修与环境设计应色彩明亮，线条简洁，便于清洁与消毒，同时直观上宜居而优美。在分类管理模式中，对艾滋病戒毒人员而言，家园式戒治环境有利于营造和增加民主氛围、服务意识，有利于教育矫治、医疗救治与康复训练等工作的开展。

第二章 人文关爱指南

第二条 【基本要求】

1. 强制隔离戒毒所生活卫生应当做到不发生群体性食物中毒事故、不发生大面积传染性疾病流行。

2. 强制隔离戒毒所负责生活卫生经费预算、执行和使用管理。

3. 生活卫生经费必须专款专用，任何单位和个人不应克扣、挪用和侵占。

4. 生活卫生经费包括伙食费、被装费、医疗康复费、日用品补助费（零花钱）、杂支费等。

5. 女性艾滋病戒毒人员的日用品补助费（零花钱）、杂支费应按规定高于男性艾滋病戒毒人员。

6. 艾滋病戒毒人员的伙食费、医疗康复费标准应按规定高于普通强制隔离戒毒人员。

第三条 【专用日用品】

统一使用的理发工具，每人每次用完后必须经过消毒方允许下一人使用，以避免交叉感染。统一为每名男性艾滋病戒毒人员配发电动剃须刀，专人专用。每月为女性艾滋病戒毒人员发放必要的生理卫生用品。

第四条 【宿舍硬件设施】

强制隔离戒毒人员宿舍内应有"强制隔离戒毒人员宿舍规范化管理示范图"。

宿舍内严禁吸烟、晾晒衣物。

第五条 【卫生内务要求】

宿舍及个人内务卫生应达到"整洁"标准。

1. 宿舍内务卫生应符合下列要求：

a）光线明亮、空气流通、装饰适度、无杂物、墙面无污迹、无乱挂乱贴宣传品、无涂写痕迹；

b）做到"五净"：地面净、床铺净、门窗净、墙壁净、物品净；

c）做到"八无"：无老鼠、无臭虫、无虱子、无蚊蝇、无蟑螂、无积尘、无杂物、无剩饭菜；

d）做到"三线"：被褥叠放一条线、名牌插（帖）一条线、生活用品摆放一条线。

2. 床及床上物品内务卫生应符合下列要求：

a）床铺平整，褥下不应压放任何物品，床单不应将层板包裹；

b）被子一律叠四折，棱角分明，大小一致，置于近窗侧床头中间位置；

c）枕头放于近门侧中间位置；

d）就寝脱下的衣服叠放整齐，放在枕边靠墙一侧；

e）床下按统一位置摆放 2 双鞋子，鞋尖朝外。

3. 应统一位置摆放饮水杯、漱口杯、皂盒、面盆、毛巾。

4. 学习用品、书籍应整齐摆放于各自储物柜内左后侧，卫生纸、洗发水等常用生活用品及少量包装食品摆放于右后侧，服装、换洗内衣整齐靠外放置。

5. 宿舍、洗漱间、厕所应保持清洁、无异味、无污垢，每日清扫、每周大扫除,每周消毒 1~2 次,并记录。

第六条 【公共环境要求】

公共环境设施及卫生条件应达到"宜居"标准。

1. 洗衣房、晾衣场(间)

a)应设置洗衣房,配备必要的洗衣、干衣和消毒设备;

b)应统一规划修建晾衣场(间);

c)晾衣场(间)支架应选择不生锈、坚固、耐用材质,不留安全隐患;

d)晾衣场(间)要分区、分类设置晾晒点。

2. 环境卫生

a)道路应硬化,地面绿化覆盖率达到 35%;

b)环境卫生应保持整洁美观,地面无垃圾、无口痰、无烟头、无积水、无污水和纸屑等杂物,垃圾应及时清理;

c)楼梯及扶手、墙壁、门窗、天花板等无积尘、无蜘蛛网;

d)生活卫生基础设施维护完好,用具摆放整齐有序;

e)公共场所及绿化带应符合"三无三有":一无杂草丛生,二无沟堵脏水外泄,三无烂路坑凹路面;一有花草树木,二有标语标志牌,三有卫生区域责任人。

第七条 【营养餐与民族餐】

1. 根据艾滋病戒毒人员的营养需求制定餐饮配给,安排抗病毒营养餐。

营养师应按以下职责开展工作:

a)完成营养咨询和强制隔离戒毒人员配餐方案;

b）评价艾滋病戒毒人员营养状况，制定膳食方案；

c）标注菜肴营养素、口味特点、适宜人群或不适宜人群信息；

d）监督食品制作过程，检查膳食质量、食品卫生安全；

e）组织炊事人员学习食品卫生、营养基础知识，做好营养知识的科普工作。

2. 尊重不同民族的饮食习惯，为少数民族艾滋病戒毒人员制作民族餐。

第八条 【文化多元化】

满足艾滋病戒毒人员在文化娱乐、体育锻炼等方面的基本需求，以多元化的文化形式丰富戒治生活。

1. 文化娱乐活动

借助文化娱乐活动，帮助艾滋病戒毒人员投入事件主题，降低防卫心理，通过让潜意识的内容自然地浮现，探清其吸毒的原因，逐步改善其不良心理，促进戒除毒瘾的目标实现。

四川省资阳强制隔离戒毒所共设置音乐、根雕、陶艺、家庭、诗歌、舞蹈、心理剧、绘画、冥想、内观、书法、阅读、园艺等13个艺术矫治功能室，其中12个室内项目，1个室外项目。为强化艺术矫治的理论基础和提升实操水平，四川省资阳强制隔离戒毒所与西南交通大学心理研究和咨询中心合作开发了13个艺术矫治项目的操作手册，经过合作方专家团队的培训，各大队基本具备独立开展相应艺术矫治项目的能力。

2. 有限对抗的体育运动

通过有氧运动干预，锻炼艾滋病戒毒人员的核心能力、身体控制等技能,促进其身体适能水平提升。

四川省资阳强制隔离戒毒所本着因人施策、循序渐进、科学规范、安全有效的原则,通过运动教学、健康教育、科学锻炼、运动竞赛和训练成果展示等活动,开展了器械训练、俯卧撑、后退跑、"之"字跑、障碍条、蛙跳、变速跳等项目。

四川省女子强制隔离戒毒所在努力创建专业康复训练团队的同时,积极借助社会资源,聘请社会优秀体能训练专职教练、团体健身教练来所为戒毒人员进行理论及实操授课,实现运动戒毒目标。同时,对运动戒毒人员均建立档案,收集初始数据,定期开展身体成分测试、体能测试,及时反馈运动对降低戒毒人员毒品渴求度的效果,通过测试报告进行相应的心理疏导,调研运动戒毒实效,推进科学戒毒。

第九条 【精准化帮扶】

1. "三无人员"帮扶计划

针对"三无人员"制定有效的帮扶计划,根据季节冷暖变化发放防寒保暖用品、防暑降温用品等生活用品;根据实际困难发放救济金、回家路费等。

2. 微信群

考虑到当前微信使用率高的现实情况,为了从信息交流层面延续和拓展关怀救助,四川省女子强制隔离戒毒所民警利用组建出所人员"微信群"这一帮扶方式,在出所人员遇到问题和疑惑时,及时为其提供有效的求助方式和渠道。

3. 对子女生活、就学的精准帮扶

民警采取实地走访的方式,前往艾滋病戒毒人员家庭或者子女学校准确评估其具体困难，为其提供精准帮助。对确实有就学困难的，联系学校或者当地教育主管部门为其减免学杂费。对走访过程中提出有情感交流需求的，通过视频拍摄等方式让艾滋病戒毒人员与其子女进行沟通。

4. 与妇联合作

四川省女子强制隔离戒毒所与地方妇联建立合作关系，定期到场所内开展针对妇女的公益活动，提供力所能及的帮助。

第十条　【跨所"笔友"交流】

考虑到许多艾滋病戒毒人员存在情感孤单化、自我边缘化问题，在入所后，掌握艾滋病戒毒人员的情感生活状况，疏导其在恋爱、婚姻关系中的心理压力。在"笔友"的交流过程中，注意进行正面的友谊观、婚恋观引导。

第三章　医疗救治指南

本技术指南中的医疗救治是指，为拓宽艾滋病戒毒人员生命宽度，提高其生命质量，以医联体建设为契机，以急性生理脱毒治疗为基础，以常规诊疗、艾滋病抗病毒治疗为支撑所提供的医疗服务和帮助。

本技术指南参照了四川司法行政戒毒系统《司法行政强制隔离戒毒场所戒毒医疗中心管理规范》（DB51/T 2553—2018），并且吸收了近些年来四川省资阳强制隔离戒毒所、四川省女子强制隔离戒毒所在医联体等建设方面的一些具体做法和经验。

第一条　【基本要求】

戒毒系统医疗机构及人员应符合以下基本要求：

1. 医疗机构

戒毒医疗中心医疗机构，应取得《医疗机构执业许可证》和戒毒医疗服务资质；

按有关要求合理设置专业科室，重点建设生理脱毒病房、戒毒康复门诊、精神卫生门诊科室，并根据需要设置传染科；女子强制隔离戒毒场所应增设妇科。

2. 人员配备

戒毒医疗中心设主任、副主任，按规定配备医务人员，至少配备或聘任一名精神科医生；

医疗专业技术人员应取得相应资格证书，并经过艾滋病和戒毒治疗相关知识培训，能熟练开展戒毒治疗和所内基本医疗；

应与社会医院合作，选择社会二级及以上综合医院或专科医院作为协作单位，建立专家定期进所门诊、驻所门诊和会诊机制，开通艾滋病戒毒人员救治绿色通道；

宜购买社会医疗服务，聘请社会医院医务人员协助开展所内基本医疗；聘任所外医务人员应报省戒毒管理局备案。

第二条 【创新医联体、专科联盟建设】

四川卫生健康部门积极督导属地各级社会医院，为戒毒场所医疗共建提供大力支持。疾病预防与控制部门负责支持和指导戒毒场所传染病防治、艾滋病抗病毒治疗等。四川省司法行政戒毒系统积极推进社会医院医联体建设、常规和传染病等社会医院的专科联盟建设。

积极寻求属地卫生健康管理部门的支持，在戒毒场所内挂牌成立属地社会医院的分院，建立从省、市、区各级各层次各重点的医联体，常规疾病、相关专科疾病和传染病专科联盟，使戒毒场所医疗机构的主体身份从各级社会医院的服务对象上升为合作对象、指导对象、临床教育培训基地。

四川省资阳强制隔离戒毒所与资阳市第一人民医院组建了传染病专科联盟，实现了"基层首诊、双向转诊、急慢分治、上下联动、防治结合"的分级诊疗模式。四川省资阳市第一人民医院为四川省资阳强制隔离戒毒所的传染病戒毒人员开辟就医绿色通道，设立艾滋病戒毒人员专用病房，定期安排专家到乙方医院开展临床医疗、教学工作，包括指导抗病毒工作、结核病的诊断、业务查房、病例讨论、专题讲座等。

第三条　【绿色就诊通道与远程医疗机制】

在属地社会医院设置仅供场所艾滋病戒毒人员使用的专用病房，畅通其就诊通道，实现救治重大疾病"发现快，送医快，转诊快，手术快"。

分别与省、市、区各级社会医院合作建立远程医疗机制。积极运用"互联网＋"智慧平台向场所医疗机构提供远程医疗、会诊、疑难病例讨论、医学教学和医疗业务培训，实现"疑难病症所内医疗机构检查、上级医院诊断"的诊疗模式，提高诊治能力，减少外出就医风险。

第四条　【场所内基本医疗】

考虑艾滋病戒毒人员免疫力低下，各种机会性感染风险大，且多为多系统、多器官感染，在诊治思维上坚持"小病按大病考虑、大病按重病考虑、重病按危重病考虑"，避免遗漏病情症状。

提出所外就医或者变更社区戒毒建议，综合考虑相关情况提出变更社区戒毒。

在场所内设立美沙酮治疗延伸点，在疾控部门的指导下，开展艾滋病戒毒人员的美沙酮替代、维持治疗工作。

在属地政府、卫生健康部门、疾病控制与预防部门的支持下，在场所内设立艾滋病抗病毒治疗点，开展艾滋病抗病毒的治疗、随访和报送；疾控部门定期进所指导和督导艾滋病抗病毒治疗。

第五条　【季节性疾病预防与传染病防治】

考虑艾滋病戒毒人员免疫力低下，开展季节性疾病健康宣讲，告知注意事项，发放预防性用药。

疾控部门定期到场所内开展结核病等传染病筛查，并提供免费的抗结核治疗。

场所医疗机构定期进行 $CD4^+T$ 淋巴细胞检测、艾滋病病毒载量检测。

第六条　【社会医院医师进所门诊、会诊机制】

每周有 3 名以上的各级社会医院科主任或副主任医师以上级别的医师到所开展医疗工作，具体诊治精神卫生、传染病、常规疾病、胸痛卒中等特殊疾病，进行疑难病例诊治、危重病例会诊、临床教学查房、医疗业务培训等，提升发现疾病、明确疾病、诊治疾病能力。

第七条　【根据毒副反应、病情等分类照顾】

在艾滋病抗病毒治疗时，结合药物毒副反应等情况给予生活营养补助和必要的照顾。对于伤病、病重的艾滋病戒毒人员，场所医疗机构出具病情证明，指导专管大队在休息、饮食需求等方面给予特殊的安排和照顾。

第八条　【职业暴露防护与应急处置】

本技术指南所称暴露源为艾滋病病毒阳性者的血液、体液，被含有艾滋病病毒阳性者血液、体液污染的医疗器械、医疗垃圾及其他器具，以及含艾滋病病毒的生物样本或废弃物等。

本技术指南中职业暴露适用于医疗卫生人员及人民警察等因职业活动发生以下导致感染或可能感染艾滋病病毒的情况：被含有艾滋病病毒血液、体液污染的医疗器械及其他器具刺伤皮肤的；被艾滋病病毒感染者或病人的血液、体液污染了皮肤或者黏膜的；被携带艾滋病病毒的生物样本、废弃物污染了皮肤或者黏膜的；其他因职业活动发生或可能感染艾滋病的。

遵循科学、严谨、公正、及时的原则，制定详尽的职业暴露防护工作制度、预案、守则，加强职业暴露防护培训和保障，实现职业暴露零感染目标。

1. 职责分工

a）场所成立职业暴露感染艾滋病病毒处理程序领导小组。党委书记、所长任组长，分管政工、医疗康复工作（生卫）的分管领导任副组长，其他所领导为领导小组成员。领导小组下设办公室，办公室设在医疗康复科，医疗康复科科长任办公室主任，人事警务科、医院及专管大队负责人为办公室成员。办公室负责职业暴露感染艾滋病病毒处理程序相关工作开展的组织、协调。

b）根据地方卫生计生行政部门职业暴露处置工作需要，指定辖区内的资阳市第一人民医院作为艾滋病病毒职业暴露处置机构。处置机构承担职业暴露的现场处置、处置指导、暴露后感染危险性评估咨询、预防性治疗、实验室检测、收集、保存接触暴露源的相关信息、信息登记报告以及随访检测等工作。

c）四川省级卫生健康行政部门或四川省卫生健康委员会指定四川省疾病预防控制局和四川省人民医院作为省级职业暴露

感染艾滋病病毒的调查机构。调查机构承担职业暴露随访期内艾滋病病毒抗体发生阳转者的材料审核、调查工作。

d）中国疾病预防控制中心负责组织专家对全国艾滋病病毒职业暴露感染处置及调查工作进行技术指导。省级疾病预防控制中心负责组织专家对本省艾滋病病毒职业暴露感染处置及调查工作进行技术指导。

2. 处置

a）医疗卫生人员及人民警察等在职业活动中发生艾滋病病毒职业暴露后，应当及时就近到场所医院或地方医疗机构进行局部紧急处理，并在1小时内向所在单位、场所医院、场所职业暴露感染艾滋病病毒处理程序办公室报告，场所职业暴露感染艾滋病病毒处理程序办公室接到报告后应及时报告职业暴露感染艾滋病病毒处理程序领导小组，职业暴露感染艾滋病病毒处理程序办公室代表所部应当在暴露发生后2小时内向市第一人民医院报告（辖区内的处置机构）、同时向省戒毒管理局相关部门报告，并提供相关材料，配合处置工作。

b）医疗康复处牵头，医院、用人单位及本人配合负责处置的医院开展感染危险性评估、咨询、预防性治疗和实验室检测工作，收集、保存接触暴露源的相关信息，配合开展随访检测。

本技术指南所称随访期是指发生职业暴露之后6个月。负责处置的医院应当分别在暴露24小时内及之后的第4、8、12周和第6个月抽血复查。对于暴露者存在基础疾患或免疫功能低下、产生抗体延迟等特殊情况的，随访期可延长至1年。

c）医院配合负责处置的医院妥善保存暴露源样品、暴露者的当日血液样品和随访期内阳转血液样品，样品现场采集时应当至少有 2 名见证人，每份血液样品含全血 1 支、血浆 2 支（每支 1 毫升以上）。样品送检单信息应当与"艾滋病病毒职业暴露个案登记表"相关联。

3. 调查

a）在随访期内，暴露者艾滋病病毒抗体发生阳转的，医疗康复科、医院、用人单位配合调查机构（四川省疾病预防控制局和四川省人民医院），提交以下材料：暴露者完整的"艾滋病病毒职业暴露个案登记表"（处置机构提供）；暴露者接触过暴露源的相关信息（处置机构提供）；暴露者与用人单位存在劳动或人事关系等相关证明材料，并写明工种、工作岗位（用人单位提供）；暴露源携带艾滋病病毒的证明材料（处置机构提供）；暴露者在随访期内的艾滋病病毒抗体检测报告（处置机构提供）。

b）对于暴露源阳性，有"艾滋病病毒职业暴露个案登记表"，在暴露24小时内检测艾滋病病毒抗体为阴性，随访期内艾滋病病毒抗体阳转的暴露者，为艾滋病病毒职业暴露感染。

c）对于暴露者在暴露前后 6 个月内发生过易感染艾滋病病毒的行为，或者有线索显示暴露者感染的病毒不是来自本次职业暴露的，应当根据需要进行分子流行病学检测，并根据检测结果判定暴露感染者感染的病毒是否来自本次职业暴露。

d）调查机构（四川省疾病预防控制局和四川省人民医院）出具的调查结论应当书面告知当事人和用人单位，并作为职业病诊断的重要依据。

e）参与职业暴露处置调查的人员应当依法保护暴露者的个人隐私。

第四章 权益维护指南

本技术指南中的权益维护,是指保障艾滋病戒毒人员在场所内部、外部合法权益不受侵犯,并提供及时、专业的救济和帮助。四川省司法行政戒毒系统严格遵循《中华人民共和国宪法》(以下简称《宪法》)、《中华人民共和国民法典》(以下简称《民法典》)、《中华人民共和国刑法》(以下简称《刑法》)、《中华人民共和国行政法》(以下简称《行政法》)、《禁毒法》《艾滋病防治条例》《法律援助条例》《司法行政机关强制隔离戒毒工作规定》等规定,积极维护艾滋病戒毒人员权益。本技术指南总结了四川省资阳强制隔离戒毒所、四川省女子强制隔离戒毒所在依法保障艾滋病戒毒人员、一线工作人员权益方面的主要做法和经验。

第一条 【宗旨】

以基本权利的具体权属为导向,将尊重和保障人权作为权益维护工作的基本原则,强调依法、公平、公开、透明处理好艾滋病戒毒人员及其亲属的检举、控告、申诉等问题。场所通过医疗救治制度保障艾滋病戒毒人员的生存权,通过建立平等、不歧视的戒治环境保障艾滋病戒毒人员的人格尊严权,通过教育、帮扶手段帮助艾滋病戒毒人员维持其重新融入社会的发展权。

第二条 【基本流程】

以正当法律程序为着力点和工作抓手。场所对艾滋病戒毒人员在所内享有的相关权益进行梳理，并在入所时进行全面的权利告知。所内设立监审督查部门，接受艾滋病戒毒人员的投诉和举报信息，依法予以查处和移交，同时也避免权利滥用；设立公共法律服务中心为艾滋病戒毒人员及其家属提供相关法律咨询，对于有诉讼需求的，联系法律援助中心为其进行法律援助。

四川省资阳强制隔离戒毒所在原艾滋病专管大队的基础上，成立了艾滋病病毒感染者"权益维护中心"，设置了专门的维权信箱。权益维护中心秉承"不抛弃、不放弃、不歧视"的信念，积极帮助艾滋病戒毒人员及家属，为他们提供急需的法律援助，保障合法权益不受非法侵犯。权益维护中心受理案件的基本流程如下：申请→（受理）审查→决定（指派）→（提供）援助→办结（归档）。

第三条 【基本权利的宣讲和普及】

宣讲和普及艾滋病戒毒人员享有《宪法》《民法典》《中华人民共和国民事诉讼法》（以下简称《民事诉讼法》）、《刑法》《中华人民共和国刑事诉讼法》（以下简称《刑事诉讼法》）、《行政法》《中华人民共和国行政诉讼法》（以下简称《行政诉讼法》）等法律规定的各项基本权利。

四川省女子强制隔离戒毒所突出对妇女合法权益的特别保障。针对一些有被家暴、被性侵、性工作者等经历的女性艾滋病戒毒人员,结合法律法规开展针对性的通识教育、维权指导。

第四条 【知情权】

保障艾滋病戒毒人员享有知情权。

1. 在戒毒场所内,艾滋病戒毒人员应当被告知感染 HIV。

2. 艾滋病戒毒人员处遇、奖惩、计分考核等情况应当每月公示。

3. 场所应按规定公开班组长、互助委成员选用条件、程序。

4. 民警在办理艾滋病戒毒人员准假、所外就医、减短强制隔离戒毒期、延长强制隔离戒毒期限、解除强制隔离戒毒期限或在办理社区矫治等执行方式,应做到公正、严明,并及时公示。

第五条 【人身权利】

保障艾滋病戒毒人员依法享有人身权利。禁止民警直接参与或指使、默许他人打骂、体罚、虐待艾滋病戒毒人员。民警实施上述禁止行为的,依法追究相关法律责任。

1. 人格尊严权

在强制隔离戒毒所内,不得侵犯艾滋病戒毒人员人格尊严,不得施加污名和歧视。

2. 生育权

四川省女子强制隔离戒毒所针对女性生理、心理特点,进行艾滋病母婴阻断、生育安全等方面的政策宣讲、知识指导和权益保障。

第六条 【通信秘密与通信自由权利】

保障艾滋病戒毒人员依法享有通信秘密与通信自由权利。

第七条 【探视权、探访权】

保障探访权利，艾滋病戒毒人员的亲属和所在单位或者就读学校的工作人员，可以按照强制隔离戒毒所探访规定探访艾滋病戒毒人员。

保障探视权利，艾滋病戒毒人员因配偶、直系亲属病危、死亡或者家庭有其他重大变故，可以申请外出探视。申请外出探视须有医疗单位、艾滋病戒毒人员户籍所在地或者现居住地公安派出所、原单位或者街道（乡、镇）的证明材料。

强制隔离戒毒所可以批准戒治效果好的艾滋病戒毒人员外出探视其配偶、直系亲属。

第八条 【社会经济权利】

艾滋病戒毒人员依法享有社会经济权利。

强制隔离戒毒所根据戒毒的需要，可以组织有劳动能力的艾滋病戒毒人员参加必要的生产劳动。强制隔离戒毒所应当建立安全生产管理制度，对参加生产劳动的艾滋病戒毒人员进行安全生产教育，提供必要的劳动防护用品。生产劳动场地和劳动项目应当符合安全生产管理的有关规定，不得引进易燃、易爆等危险生产项目，不得组织艾滋病戒毒人员从事有碍身体康复的劳动。组织艾滋病戒毒人员参加生产劳动的，应当支付劳动报酬。

强制隔离戒毒所应当对接收的艾滋病戒毒人员的身体和携带物品进行检查，依法处理违禁品，对生活必需品以外的其他物品进行登记并由艾滋病戒毒人员本人签字，由其指定的近亲属领回或者由强制隔离戒毒所代为保管。探访人员交给艾滋病戒毒人员物品须经批准，并由人民警察当面检查；交给艾滋病戒毒人员现金的，应当存入艾滋病戒毒人员所内个人账户。解除强制隔离戒毒时，应发还代管财物。

第九条 【受教育权】

1. 强制隔离戒毒所应当对新接收的艾滋病戒毒人员进行时间不少于1个月的入所教育，教育内容包括强制隔离戒毒有关法律法规、所规所纪、艾滋病戒毒人员权利义务等。

2. 强制隔离戒毒所应当采取课堂教学的方式，对艾滋病戒毒人员集中进行卫生、法治、道德和形势政策等教育。

3. 强制隔离戒毒所应当对艾滋病戒毒人员开展有针对性的个别教育。

4. 强制隔离戒毒所应当开展戒毒文化建设，运用影视、广播、展览、文艺演出、图书、报刊、宣传栏和所内局域网等文化载体，活跃艾滋病戒毒人员文化生活，丰富教育形式。

5. 强制隔离戒毒所应当加强同当地有关部门和单位的联系，通过签订帮教协议、来所开展帮教等形式，做好艾滋病戒毒人员的教育工作。

6. 强制隔离戒毒所应当协调人力资源社会保障部门，对艾滋病戒毒人员进行职业技能培训和职业技能鉴定；职业技能鉴定合格的，颁发相应的职业资格证书。

7. 强制隔离戒毒所应当在艾滋病戒毒人员出所前进行回归社会教育，教育时间不少于1周。

第十条　【生活卫生权利】

1. 强制隔离戒毒所应当按规定设置艾滋病戒毒人员生活设施。艾滋病戒毒人员宿舍应当坚固安全、通风明亮，配备必要的生活用品。艾滋病戒毒人员的生活环境应当绿化美化。

2. 强制隔离戒毒所应当保持艾滋病戒毒人员生活区整洁，定期组织艾滋病戒毒人员理发、洗澡、晾晒被褥，保持其个人卫生。强制隔离戒毒所应当统一艾滋病戒毒人员的着装。

3. 强制隔离戒毒所应当保证艾滋病戒毒人员的伙食供应不低于规定标准。在伙食上应当给予适当照顾。对少数民族艾滋病戒毒人员，应当尊重其饮食习惯。

4. 食堂应当按月公布伙食账目。

5. 强制隔离戒毒所应当保证艾滋病戒毒人员的饮食安全。食堂管理人员和炊事人员应当取得卫生行政主管部门颁发的健康证明，每半年进行一次健康检查，健康检查不合格的应当及时予以调整。艾滋病戒毒人员食堂实行48小时食品留样制度。

6. 艾滋病戒毒人员可以在购物平台购买日常用品。购物平台出售商品应当价格合理，明码标价，禁止出售过期、变质商品。

第十一条　【戒毒治疗权利】

艾滋病戒毒人员依法享有戒毒治疗权利。

1. 强制隔离戒毒所接收艾滋病戒毒人员时，应当核对艾滋病戒毒人员身份，进行必要的健康检查，填写强制隔离艾滋病戒毒人员入所健康状况检查表。艾滋病戒毒人员身体有伤的，强制隔离戒毒所应当予以记录，由移送的公安机关工作人员和艾滋病戒毒人员本人签字确认。

2. 强制隔离戒毒所应当根据性别、年龄、患病等情况，对艾滋病戒毒人员实行分别管理；根据戒毒治疗情况，对艾滋病戒毒人员实行分期管理；根据艾滋病戒毒人员表现，实行逐步适应社会的分级管理。

3. 强制隔离戒毒所应当根据艾滋病戒毒人员吸食、注射毒品的种类、成瘾程度和戒断症状等进行有针对性的生理治疗、心理治疗和身体康复训练。

4. 对艾滋病戒毒人员进行戒毒治疗，应当采用科学、规范的诊疗技术和方法，使用符合国家有关规定的药物、医疗器械。戒毒治疗使用的麻醉药品和精神药品应当按照规定申请购买并严格管理，使用时须由具有麻醉药品、精神药品处方权的医师按照有关技术规范开具处方。禁止以艾滋病戒毒人员为对象进行戒毒药物试验。

5. 强制隔离戒毒所应当定期对艾滋病戒毒人员进行身体检查。对患有疾病的艾滋病戒毒人员，应当及时治疗。对患有传染病的艾滋病戒毒人员，应当按照国家有关规定采取必要的隔离治疗措施。

6. 所外就医的权利。艾滋病戒毒人员患有严重疾病，不出所治疗可能会危及生命的，凭所内医疗机构或者二级以上医院出具的诊断证明，经强制隔离戒毒所所在省、自治区、直辖市司法行政机关戒毒管理部门批准，报强制隔离戒毒决定机关备案，强制隔离戒毒所可以允许其所外就医，并发给所外就医证明。艾滋病戒毒人员所外就医期间，强制隔离戒毒期限连续计算。对于健康状况不再适宜回所执行强制隔离戒毒的，强制隔离戒毒所应当向强制隔离戒毒决定机关提出变更为社区戒毒的建议，同时报强制隔离戒毒所所在省、自治区、直辖市司法行政机关戒毒管理部门备案。

7. 强制隔离戒毒所应当建立艾滋病戒毒人员心理健康档案，开展心理健康教育，提供心理咨询，对艾滋病戒毒人员进行心理治疗；对心理状态严重异常或者有行凶、自伤、自残等危险倾向的艾滋病戒毒人员应当实施心理危机干预。

8. 对可能发生自伤、自残等情形的艾滋病戒毒人员需使用保护性约束措施的，应当经强制隔离戒毒所负责人批准。采取保护性约束措施应当遵守有关医疗规范。对被采取保护性约束措施的艾滋病戒毒人员，人民警察和医护人员应当密切观察；可能发生自伤、自残等情形消除后，应当及时解除保护性约束措施。

9. 强制隔离戒毒所应当通过组织体育锻炼、娱乐活动、生活技能培训等方式对艾滋病戒毒人员进行身体康复训练，帮助艾滋病戒毒人员恢复身体机能、增强体能。

第十二条　【解除强制隔离戒毒权利】

艾滋病戒毒人员依法享有解除强制隔离戒毒的权利。

1. 强制隔离戒毒所应当按照有关规定对艾滋病戒毒人员进行诊断评估。对强制隔离戒毒期限届满且经诊断评估达到规定标准的艾滋病戒毒人员，应当解除强制隔离戒毒。

2. 强制隔离戒毒所应当在解除强制隔离戒毒 3 日前通知强制隔离戒毒决定机关，同时通知艾滋病戒毒人员家属、所在单位、户籍所在地或者现居住地公安派出所将其按期领回。艾滋病戒毒人员出所时无人领回，自行离所的，强制隔离戒毒所应当及时通知强制隔离戒毒决定机关。

3. 对解除强制隔离戒毒的所外就医人员，强制隔离戒毒所应当及时通知其来所办理解除强制隔离戒毒手续。

第十三条 【救济权】

在权利受到侵犯时，艾滋病戒毒人员依法享有获得救济的权利。

艾滋病戒毒人员提出申诉、检举、揭发、控告的，强制隔离戒毒所应当及时依法处理；对强制隔离戒毒决定不服提起行政复议或者行政诉讼的，强制隔离戒毒所应当将有关材料登记后及时转送有关部门。

艾滋病戒毒人员权利受到侵害的，可以向艾滋病保障中心投诉，艾滋病保障中心应当维护被侵害艾滋病戒毒人员的合法权益，依法查处，并予以答复。艾滋病保障中心对于受害艾滋病戒毒人员进行诉讼需要帮助的，应当给予支持。对艾滋病戒毒人员亲属及社会各界人士的咨询、诉求，艾滋病保障中心依据条例予以承办。

第五章 教育矫治指南

本技术指南中的教育矫治,是指通过综合运用心理矫治、生命教育、亲情教育、感恩教育、行为教育等矫治方法和手段,帮助艾滋病戒毒人员认清毒品危害,积极戒除毒瘾,并且增强其对艾滋病的理性认知,确立"艾滋病感染到我为止"观念,同时,掌握就业谋生技能,增强社会适应能力,促使其积极回归社会。

第一条 【宗旨】

针对艾滋病戒毒人员的教育矫治工作以全面、系统、富有特色和针对性为要求,旨在帮助艾滋病戒毒人员树立和践行"艾滋病感染到我为止"观念。

通过心理矫治、特色教育等帮助艾滋病戒毒人员树立积极向上的生活态度,充分调动艾滋病戒毒人员自觉接受戒治的积极性和主动性。

第二条 【分工】

心理矫治中心秉承"以人为本、科学戒毒、综合矫治、关怀救助"的戒毒理念,坚持面向全体戒毒人员,矫治、预防与发展相结合的基本原则,遵循心理学方法和技术的专业要求开展心理矫治工作。其主要工作包括:负责心理健康状况普查、心理危机干预、个人及团体心理辅导等工作的实施及信息资料收集;协助配合专管大队中心成员开展工作;综合运用心理学的理论与方法、技术,帮助戒毒人员恢复和增强心理健康,修复心理功能损伤,戒断"心瘾"。

教育矫正中心负责收集艾滋病戒毒人员的帮扶信息并解决落实留存归档;制定学习教育计划,安排落实并留存资料。专管大队中心成员协助组织实施以及对特色教育等提供基础资料,并予以总结,留存归档。

第三条　【心理矫治中心配置】

1. 接待室

a) 25 平方米 1 间;

b) 环境安静舒适,光线柔和,等候沙发,合理摆放。

2. 办公室

a) 15 平方米 1 间;

b) 环境安静舒适。

3. 个体咨询室

a) 15 平方米/间,收治人数在 1500 人以下的中小型所至少 1 间,收治人数在 1500 人以上的大型所 2 间;

b) 有较好的隔间、隔离设施,达到安静和保密的要求;光线柔和,咨询椅质地柔软舒适,合理摆放。

4. 团体辅导室

独立的场所和出入口、明亮整洁,通风好、采光好。

5. 团体心理测试室

安静通风,采光良好。

6. 心理宣泄室

隔音效果良好，安全性能好。

7. 沙盘治疗室

隔音效果良好，安全性能好。

8. 音乐治疗室

隔音效果良好，安全性能好。

9. 脱敏治疗室

隔音效果良好，安全性能好。

10. 毒品考验室

a）40平方米左右1间；

b）采光良好，安全性能好。

11. 心理矫治云平台

a）建设目标：实现心理矫治工作的信息化、智能化，利用云平台、大数据、物联网、移动终端等技术，实现基础设施、资源到运用的数字化；实现全局信息系统的互联互通，实现心理矫治工作的模式创新，促进信息技术与心理矫治工作的深度融合。

b）建设要求：心理矫治云平台由省戒毒管理局统一建立，将全省司法行政戒毒系统戒毒人员的危机预警情况、心理矫治工作开展情况等通过图表形式呈现，对全系统心理咨询师进行工作管理评估，对戒毒人员危机预警情况进行示警，对当前需要处理的问题进行分级汇总，便于场所心理咨询师开展心理矫治工作，也便于主管民警能及时关注需要重点关注的艾滋病戒毒人员。

心理矫治云平台必须接入局信息化平台，场所配备的心理相关设备，必须物联到心理矫治云平台，形成心理大数据，对"生理、心理、行为"等海量数据进行大数据记录分析，建立动态的心理档案，智能评估并跟踪训练效果，实时监测、预警艾滋病戒毒人员的心理健康状态，进行全面的心理健康管控，为每一个艾滋病戒毒人员构建完善的心理档案。

第四条 【教育矫正中心配置】

教育矫正中心的教学及教育矫治辅助用房应包括普通教室、专用教室、公共教育矫治用房及其各自的辅助用房。普通教室与专用教室、公共教育矫治用房应联系方便。教师休息室宜与普通教室同层设置。教师办公室宜设在其专业教室附近或与其专用教室成组布置。教学用房及教育矫治辅助用房宜多科共用。教学用房及教育矫治辅助用房中，隔墙的设置及水、电、通信等各种设施的管网布线宜适应教学空间调整的要求。教学用房及教育矫治辅助用房的窗应满足教学要求，不得采用彩玻璃；教学用房及教育矫治辅助用房的门均宜设置上亮窗，附设观察窗；教学用房的楼层间及隔墙应进行隔声处理，走道的顶棚宜进行吸声处理。

1. 互动录播教室

a）在省戒毒管理局建立远程互动录播系统，在各戒毒场所教育矫正中心教室搭建互动录播教室，借助互联网络实现全省各级教育矫正中心教室实况音视频的实时互联互通，形成区域化的辐射与传播。

b）省级远程互动录播系统是各种互动教学、视频直播、资源点播、网络考研、资源管理、资源分享等应用的系统支撑和管理者。各戒毒场所互动录播教室部署音视频采集设备，完成中心音视频内容的采集。

2. 艺术矫治室

a）艺术矫治室使用面积不低于 68 平方米。

b）艺术矫治室宜设艺术作品陈列室或展览廊，桌椅类型和排列布置应根据艺术类型及教学模式确定。

3. 职业技术培训实操室

a）应包括培训车间、模型间、操作实习间等职业技能培训用房。

b）应设置教学内容所需要的辅助用房、工位装备及水、电、气、热等设施。有油烟或气味发散的教室应设置有效的排气设施；有振动或发出噪声的教室应采取减振减噪、隔振隔噪声措施；部分技术课程可以利用普通教室或其他专用教室。

4. 多功能教室

a）多功能教室应设计为阶梯教室。

b）多功能教室梯级高度依据视线升高值确定。阶梯教室的设计视点应定位于黑板显示屏底边缘的中点处。前后排座位错位布置时，视线的隔排升高值宜为 0.12 米。

c）多功能阶梯教室宜在前墙安装投影屏幕（或数字化智能屏幕），并应符合下列规定：视线在水平方向上偏离屏幕中轴线的角度不应大于 45°，垂直方向上的仰角不应大于 30°；座椅前缘与显示屏的水平距离不应小于显示屏对角线尺寸的 4 倍～5 倍，并不应大于显示屏对角线尺寸的 10 倍～11 倍；显示屏宜加设遮光板。

d）多功能教室宜设置转暗设备，并宜设置座位局部照明设施；墙面及顶棚应采取吸声措施。

5. 图书室

a）图书室应设阅览室、书库、集体借书区域、编目及整修工作区域。

b）图书室应位于出入方便、环境安静的区域。

c）书库使用面积宜按以下规定计算后确定：开架藏书量约为 400 册/平方米~500 册/平方米；闭架藏书量约为 500 册/平方米~600 册/平方米；密集书架藏书量约为 800 册/平方米~1200 册/平方米。

d）书库应采取防火、降温、隔热、通风、防潮、防虫及防鼠的措施。

e）集体借书的空间使用面积不宜小于 10 平方米。

f）有条件的场所宜构建智慧阅读。采用"云端管理+智能借阅终端+内容资源（纸质图书、数字图书）"，以 RFID 智能识别技术为基础，搭建丰富多样的阅读场景，进行阅读环境的泛在化建设。

6. 文体活动室

a）文体活动室宜满足舞蹈艺术、音乐艺术、节目排练的要求，并可开展形体训练活动。每个艾滋病戒毒人员的使用面积不宜小于 6 平方米。

b）文体活动室内应在与采光窗相垂直的一面墙上设通长镜面，镜面含镜座总高度不宜小于 2.1 米，镜座高度不宜大于 0.3 米。镜面两侧的墙上及后墙上应装设可升降的把杆，镜面上宜装设固定把杆。把杆升高时的高度应为 0.9 米；把杆与墙间的净距不应小于 0.4 米。

c）文体活动室门窗应隔声，墙面及顶棚应采取吸声措施。

d）文体活动室宜设置带防护网的吸顶灯。采暖等各种设施应暗装。

e）文体活动室宜采用木地板。

7. 教育成果展示室

a）教育成果展示室使用面积不宜低于 68 平方米。

b）教育成果展示室位置宜设在教育矫正中心入口处，也可设在会议室、多功能厅教室附近，或在艾滋病戒毒人员经常经过的走道处附设展览廊。

c）教育成果展示室也可与其他展览空间合并或连通。

8. 演播室

a）演播室建立"云+端"管理平台，具备无跟踪虚拟演播室、切换台、CG 字幕、硬盘录像和网络直播等功能，建成数字化电视台；实现多级栏目管理，对各大队实施分组管理和流量分配，对各大队的总点播人数、点播次数、持续时间、详细点播日志等信息进行细致准确的统计查询。

b）演播室要求环境安静舒适，隔音效果较好。

9. 互动录播教室流媒体转发中心及电子书包教室应用平台系统

a）省戒毒管理局应依据使用和管理的需要设互动录播教室流媒体转发中心 1 套和电子书包教室应用平台系统 1 套。

b）互动录播教室流媒体转发中心宜设空调。

c）互动录播教室流媒体转发中心内宜采用防静电架空地板，不得采用无导出静电功能的木地板或塑料地板。

10. 器材室

a）器材室使用面积不少于 5 平方米。

b）器材室为各类教具、视听资料的保管室。

11. 个别谈话室

a）各戒毒所大队生活区个别谈话室使用面积不低于15平方米。

b）个别谈话室应有较好的隔离设施，即要可观察，门均宜设置上亮窗，附设观察窗。

c）主管民警与艾滋病戒毒人员的谈话过程必须实现同步录音录像，并在结束后及时上传。

12. 电子阅览室

a）各戒毒所大队生活区电子阅览室面积不低于30平方米。

b）电子阅览室宜设通信外网接口，并宜配置空调设施。

c）室内装修应采取防潮、防静电措施，并宜采用防静电架空地板，不得采用无导出静电功能的木地板或塑料地板。

d）电子阅览室宜与教育矫治网对接，实现艾滋病戒毒人员在生活区进行电子书或时事新闻阅览，完成教育矫治网的学习任务。

13. 教育矫治活动区

a）各戒毒所大队在生活区应设置一个可对全体艾滋病戒毒人员开展教育矫治活动的区域。

b）活动区域内不宜设置固定课桌椅。面积宜依据大队的收治规模、建设条件设置。

14. 社会帮教室

a）各戒毒所应配置社会帮教单独座谈室1间，进行社会帮教与法律援助工作，使用面积应不低于10平方米。

b）各戒毒所宜配置设集体座谈室1间，进行家长学校活动或集体社会帮教活动。

15. 禁毒教育基地

a）各戒毒所宜配置禁毒教育基地1个。

b）禁毒教育基地设计要求：各所禁毒警示教育基地需针对不同地方毒情，结合各地人文特色开展设计工作。在内容设计上需重点展示毒品的基本知识和重要危害，同时向参观者介绍戒毒所在地禁毒形势、戒毒工作的重要作用和特殊意义。在充分体现警示教育意义的同时，展现禁毒、戒毒工作中的人文关怀，以达到告诫参观者"拒绝毒品珍爱生命"，告诉吸毒人员"尽早戒断回归社会"的作用。

c）禁毒教育基地结构要求：

毒品的基本常识。本部分主要介绍与毒品有关的基本常识，包括向参观者展示毒品的种类、毒害机理，以及如何辨别经过伪装的毒品等内容。通过本篇的参观，可以让参观者对毒品有一个基本的认识和初步的辨别能力。

与毒品有关的其他重要知识。本部分主要介绍毒品产地、毒品蔓延情况、中国禁毒史等内容。本部分的内容设计，应该让参观者了解到，毒品与人类文明之间具有不和调和的矛盾，是为文明社会所不容的，这种矛盾甚至改变了一个个体、一个地区、一个国家、甚至一个人类文明阶段的生死与兴亡，进而让参观者深刻认识到毒品问题的严重性以及禁毒行动的迫切性和必要性。

戒毒工作基本常识。本部分内容设置了戒毒工作的基本知识，了解吸毒以后如何尽早、有效地戒断毒品，尽可能地将毒品危害降到最低。在本部分设置艾滋病戒毒人员现身说法环节，让亲身经历者讲述沾染毒品后的巨大身心痛苦，讲述自己的戒毒历程，目的是让参观者了解戒毒过程的痛苦和艰辛，从侧面告诫参观者任何种类的毒品都不可沾染分毫。

　　d) 展示方式基本要求：禁毒教育基地方案设计应包含丰富的多媒体交互内容，以丰富的互动体验吸引参观者，以深刻的内涵寓意警醒参观者。除投影、全息显示、幻影成像等传统多媒体展示手段外，展厅内应具有全景VR漫游展示功能及智慧导览功能，全景VR漫游展示功能需供应商具备独立自主知识产权的开发平台进行全景VR展示开发，并进行平台现场演示；智慧导览系统嵌入微信公众号，系统实现语音、图文、三维模型等多媒体内容交互，同时实现位置信息记录及导览路线规划。

第五条　【心理健康状况普查】

　　场所应通过量表测验（测验项目包括《艾滋病毒人员心理测试原始量表》、SCL-90、艾森克人格测验、16PF和四川省戒毒局戒毒人员评估系统）和基本情况调查等方式对初入所的艾滋病戒毒人员进行基本情况、成长史、社会支持系统等方面的全面调查评估，并利用生物反馈仪或VR/AR/MR设备对毒品渴求度进行测试。综合运用谈话、观察、测验等方法对入所艾滋病戒毒人员的心理状态进行科学的分析评估。根据艾滋病戒毒人员诊断评估和区段流转需要，应对艾滋病戒毒人员进行相应的心理评估，其中的心理测验重点参考省局开发的戒毒人员评估系统及复吸风险评估系统，或者其他新开发针对戒毒人员的量表，确保心理测验的针对性。评估形式以能够测评戒毒人员心理状况改善情况为准则进行合理确定，评估结果作为诊断评估重要参考依据。

艾滋病戒毒人员拒绝或不配合心理评估时，应进行解释劝导。解释劝导无效的，暂缓测验并做好记录，另行择时补测。对确因文化程度太低、语言沟通困难、理解能力有限等原因无法完成测验的，注明理由做好记录。

第六条　【心理矫治档案】

对心理评估结果应分类处理，评定心理健康程度（分为健康、一般、较差、高危），建立心理健康档案。心理矫治档案建档率应达100%，并依据每名艾滋病戒毒人员的心理评估情况提出针对性日常管理和心理矫治措施，对有必要进行心理危机干预的应及时进行干预。

心理矫治档案由心理矫治中心心理矫治干事和基层大队心理矫治干事协同建立和管理，包括电子档案部分和纸质资料部分。电子档案由心理矫治过程中在网络系统中的登记和记录自动生成保管，纸质资料部分为不能录入网络系统中的部分。

心理矫治档案为具有一定保密性质的档案，未经心理矫治中心同意，任何人不得提取。为研究和交流目的需公开使用资料的，应当进行技术处理，确保不暴露相应艾滋病戒毒人员的身份信息。

第七条　【心理健康教育】

场所应夯实心理健康教育基础工作，向艾滋病戒毒人员宣传心理学、心理卫生和心理健康方面的基本知识，帮助艾滋病戒毒人员掌握自我心理调节的一般方法，知晓场所内外寻求心理救助的途径。心理健康教育的方法和途径主要包括：

1. 课堂化教学：开设心理健康教育课程，有计划地开展具有连续性的心理健康课堂化教学。

2. 心理健康宣传教育：通过编印心理健康宣传教育手册、开展"心理月"活动等途径深入开展形式多样的心理健康宣传教育活动。

3. 专题讲座：根据艾滋病戒毒人员心理健康和戒毒工作需要，开展主题讲座。

4. 专家讲座：聘请社会上的心理学专家和心理咨询工作者来所开展讲座。

针对艾滋病戒毒人员的心理健康教育普及率应达到100%，每季度至少举办一期专题心理健康教育讲座。

第八条 【心理咨询】

场所应充分发挥心理咨询专业作用，通过面谈咨询、信件咨询、电话咨询、网络等方式开展个体和团体心理咨询活动，运用专业方法实现心理矫治目标。同时应采取多种形式向艾滋病戒毒人员宣讲心理咨询的意义和寻求心理咨询师帮助的途径。

1. 心理咨询一般应由艾滋病戒毒人员主动申请，对个别艾滋病戒毒人员未主动申请但民警认为有必要进行心理咨询干预的特殊情况，应取得艾滋病戒毒人员同意后由民警与心理矫治中心联系确认心理咨询时间。

2. 心理咨询师应做好心理咨询记录，对有价值的案例进行总结和归纳整理，形成心理咨询个案。

3. 心理咨询师应当遵守职业道德，尊重艾滋病戒毒人员人格,对求助者不歧视、不指责,与其共同分析存在的心理问题并确定解决方案。心理咨询师不得借心理咨询谋取个人私利,不得与艾滋病戒毒人员建立不正当关系。对心理咨询中知悉的艾滋病戒毒人员个人隐私应当予以保密,但知悉或者发现艾滋病戒毒人员有逃跑、行凶、自杀、自伤、自残或者其他危及场所安全行为和动向的,应当及时向有关部门报告。

4. 根据戒治工作需要,大队和心理矫治中心应积极开展团体心理咨询活动,团体心理辅导每月不少于 1 次。

5. 对疑难个案,要组织进行集体会诊,特别疑难的要邀请专家教授参加会商。

6. 对不适宜咨询的疑似精神病患者,要及时提出转介建议,并通知相关机构。

7. 来访艾滋病戒毒人员应由心理矫治干事或主管民警送至咨询室,大队对心理矫治中心的心理咨询安排应积极配合。

8. 心理咨询师面谈咨询时可以着便装,心理咨询师不能对异性艾滋病戒毒人员单独开展面谈咨询,应有 1 名以上与艾滋病戒毒人员同性的咨询师同时在场。

第九条 【心理拓展训练】

让艾滋病戒毒人员到运动场参加以"自信、信任、坚强、友爱"为主题的心理拓展训练,让他们在拓展训练中通过协作、互助完成训练任务,通过对困难任务的战胜感受乐观体验,信任他人,增强适应能力,培养坚强的性格,提升成功戒毒和重返社会生活的信心。

第十条 【心理危机干预】

针对艾滋病戒毒人员容易产生绝望、迷茫等负面情绪，应当在常规心理健康教育上增加关于接受自身艾滋病感染事实的心理辅导课程，包括心理健康课程、一对一的个别心理咨询、应对挫折及恢复自信的团体心理辅导等，以此增强艾滋病戒毒人员的适应能力。同时，心理咨询师或其他民警应当加强对艾滋病戒毒人员的观察，一旦发现艾滋病戒毒人员心理行为严重异常，应立即报告大队和心理矫治中心，大队应采取必要的应急处置管理措施，心理矫治中心应根据情形迅速采取危机干预措施。

1. 心理危机干预对象

a）出现失恋、躯体疾病、家庭变故、人际冲突等重大负性生活事件者。

b）情绪突然明显异常者，其症状持续一周左右，如特别烦躁、高度焦虑、恐惧、易感情冲动，或情绪异常低落，或情绪突然从低落变为平静。

c）长期有睡眠障碍者。

d）突然出现强烈的罪恶感、缺陷感或不安全感者。

e）突然出现明显的攻击性行为或暴力倾向，或其他可能对自身、他人、社会造成危害者。

f）发现谈论过自杀并考虑过自杀方法，包括在信件、日记、图画或乱涂乱画的只言片语中流露死亡念头者。

g）不明原因突然给他人送礼物、请客、赔礼道歉、述说告别的话等行为明显改变者。

h）存在其他明显言行异常表现者。

对被心理矫治中心确定为心理危机干预对象的，所属大队应明确为重点人员进行管控。

2. 心理危机干预措施

a）对确定为大队级以上重点人员的，心理矫治干事应及时介入了解是否需要心理危机干预，需要干预的应及时干预并填写心理危机干预记录，对情况严重的及时报告心理矫治中心。心理矫治中心接到报告后应及时安排中心专职心理咨询师介入了解情况并采取相应的干预措施。心理咨询师认为情况严重需要会商或转介的，及时报告中心安排会商或转介医院、所外合作机构等专业机构。

b）积极建立心理危机干预阻控体系。对于戒毒场所可调控的引发艾滋病戒毒人员心理问题的人事或情景等刺激物，心理矫治中心应协调有关部门及时阻断，尽量消除对问题个体的持续不良刺激。对于问题个体遭遇刺激后引起紧张性反应可能攻击的对象，场所及相关人员应采取保护或回避措施。心理咨询师在接待有严重心理危机的艾滋病戒毒人员来访时，在其危机尚未解除的情况下，应采取措施稳定艾滋病戒毒人员，并报告相关机构和领导。

c）积极建立心理危机干预现场紧急救助制度。对于突发的艾滋病戒毒人员自伤自残等事故，心理矫治中心应在接到通知后立即派员赶赴现场负责实施心理救助，平复当事人情绪。

d）积极建立心理危机干预支持体系。在艾滋病戒毒人员中形成团结友爱、互帮互助的良好人际氛围。全体民警尤其是心理咨询师、艾滋病戒毒人员主管警官应当经常关心艾滋病戒毒人员，帮助其解决实际困难，多与其交心谈心，真心诚意地帮助他们渡过难关。应动员有心理问题的艾滋病戒毒人员家属、朋友，必要时应要求其亲人朋友来所帮教。要加强与社会各界特别是心理学研究和服务机构的联系，引进志愿者到所帮教，营造一个充满社会关爱的良好氛围。

第十一条　【心理治疗】

心理治疗是场所心理矫治工作中专业性技术性最强、难度最大的一部分，要求从业人员受过专门的心理治疗专业训练，具备医学知识，特别是精神疾病方面的知识，还要求有临床实践经验，因此，心理咨询人员只有经过心理治疗专业训练才能从事治疗工作，没有经过专业培训并获得认证的不具有心理治疗资格。

心理咨询师在心理测验、心理咨询等心理矫治工作过程中初步诊断艾滋病戒毒人员可能患有神经症、人格障碍、性心理障碍、行为障碍、心身疾病及轻度精神病等异常心理疾病的，应及时向心理矫治中心报告，中心应进一步予以诊断甄别，对不能排除的应转介精神科医生给予专业心理治疗。

戒毒所心理治疗工作在专业人员欠缺的情况下可以通过政府购买服务与专业社会机构合作进行。

第十二条　【"心瘾"戒治】

"心瘾"戒治是指为帮助艾滋病戒毒人员戒断"心瘾"，把心理干预作为成瘾治疗的重要环节所采取的专业心理矫治工作。"心瘾"戒治过程是一个较长期的过程，戒治的目标根据艾滋病戒毒人员处于不同的阶段具有不同的侧重点，早期主要以增强动机、提高自信心和自我效能为主，中后期主要以矫正成瘾物质滥用导致的各种心理行为问题，帮助其学习各种心理技能、提高对毒品的抵御能力，建立健康的生活方式及预防复吸为主。

1. 针对成瘾者"治疗动机"缺乏的特点，应注重动机强化戒治，采取一定的心理干预技术和方法帮助艾滋病戒毒人员强化做出改变的动机。

2. 运用认知行为治疗理论开展预防复吸戒治，通过专业技术改变艾滋病戒毒人员对有关复吸的歪曲认识，识别复吸的高危情境，掌握应对高危情境的各种技巧，提高艾滋病戒毒人员自我效能，学习替代物质滥用的全新生活方式，达到预防复吸、保持长期戒断的目标。

3. 运用行为治疗方法，通过行为治疗的专业技术系统地开展行为强化戒治，管理艾滋病戒毒人员的正向目标行为，促进其长期康复。

4. 积极探索"正念"防复吸治疗、艺术治疗、园艺治疗等新兴心理干预技术，开展有效的心瘾心理戒治。

5. 心瘾心理干预应采取个案化戒治、小组戒治、家庭戒治等多种形式。

第十三条　【抗复吸训练】

由教育民警组织使用《抗复吸训练手册》对艾滋病戒毒人员进行抗复吸训练，帮助艾滋病戒毒人员掌握拒绝毒品的技巧，巩固戒毒效果。

在教学手段上，借助虚拟现实技术（VR）让使用者通过虚拟现实系统感受到在客观物理世界中所经历的"身临其境的逼真性"这一特性，模拟吸毒以及戒毒中的不同场景，测定艾滋病戒毒人员的成瘾程度，并且在虚拟现实中模拟不同高危吸毒情节指导艾滋病戒毒人员克服由高危吸毒情节带来的吸毒渴求感和吸毒行为，最终降低复吸的风险性；以增强现实技术（AR）让艾滋病戒毒人员再次置身"有毒"环境，借助仪器测量吸毒人员的脑电波、心率、皮肤电等相关指标，评估吸毒人员对毒品的渴求度，并据此制定针对性脱敏及对抗治疗方案。

通过 VR 技术进行评估，用 AR 技术来矫治，运用新技术收集艾滋病戒毒人员的各项数据，为他们建立起一个数据库，从而"定制"出阶段戒毒报告，既帮助艾滋病戒毒人员掌握防毒、拒毒方法，增强艾滋病戒毒人员戒除毒瘾的信心，又为艾滋病戒毒人员的流转提供科学和客观的依据。

第十四条　【特色教育体系】

1. 认知教育

结合重点人群、重点问题、重点特征等内容聘请高校老师作为专职教师为艾滋病戒毒人员授课。教学形式不局限于面对面的教学，还可借助影视、广播、展览、文艺演出、图书、报刊、宣传栏、所内局域网等文化载体，丰富教育形式。以丰富的文化生活理顺艾滋病戒毒人员的思维逻辑。

2. 行为教育

以案例及警示教育为手段，矫正艾滋病戒毒人员的不良习惯。将一些重要节假日设置为对外公众开放日，并在当日由艾滋病戒毒人员现身说法。通过典型事例使其他艾滋病戒毒人员产生共鸣，反省自身经历，强化戒毒意愿。

3. 亲情教育

引入"萨提亚家庭治疗模式"，引导艾滋病戒毒人员与家庭成员构建良好的亲情关系，邀请艾滋病戒毒人员家长积极参与戒毒，实现强制隔离戒毒工作向艾滋病戒毒人员家庭的延伸。

a）组织艾滋病戒毒人员欣赏《母亲》《父亲》《烛光里的妈妈》《感恩的心》等感恩歌曲，引导艾滋病戒毒人员树立对家人的感恩观念，激活感恩心理，唤醒忏悔意识。

b）每周组织拨打一次亲情电话，每月写一封"家书"，每季度开展一次亲情帮教会，重大节假日举办一次亲情聚餐活动或一次亲情演讲活动，帮助艾滋病戒毒人员修复亲情关系，发挥家庭支持系统的正向功能。

c）在"爱之家"禁毒防艾法律服务工作站专门建立远程视频接见线路，在建立了远程探视站点的地区，艾滋病戒毒人员的亲属只要提前申报，就能实现远程探视；在缺乏必要通讯条件的情况下，艾滋病戒毒人员可通过手机拍摄、传送视频给家人的方式实现探视目标。

d）定期开展"家长学校"活动，邀请艾滋病戒毒人员的亲属入所参观，了解艾滋病戒毒人员在所内的戒治生活。通过讲解，使艾滋病戒毒人员的亲属了解戒毒知识与艾滋病防治知识、了解戒毒的长期性和艰巨性、掌握帮助亲人抗复吸技巧，实现亲情帮教全覆盖。邀请结对村、社区的党员干部和社会爱心人士参与，推动戒毒工作向社区延伸，增进戒毒人员家属和社会大众对戒毒场所的了解。

4. 生命教育

每月开展 1 个课时以生命为主线、以爱为核心的生命教育。让艾滋病戒毒人员正确认识生死，培养其珍爱自己生命，同时尊重他人生命的理念。

表 6　生命教育课程体系

教育目标	1. 让艾滋病戒毒人员了解自己的生命	
	2. 让艾滋病戒毒人员维护自己和他人的生命	
	3. 让艾滋病戒毒人员处理好自己和外部环境之间的关系	
教育原则	1. 认知、体验与实践相结合原则	
	2. 发展、预防与干预相结合原则	
	3. 自助、互助与援助相结合原则	
	4. 场所、家庭与社会相结合原则	
教育过程	1. 敬畏生命	"生命之歌"演出与分享
		"艾滋与生命"讲座
		"生的希望"团体辅导
	2. 珍爱生命	"自我认知"团体辅导和分享活动
		"健康生活"讲座与分享
		"沟通交流"团体辅导和分享活动
		"情绪调控"讲座与分享
		"家庭经营"团体辅导和分享活动
		"回归社会"讲座与分享
	3. 提升生命品质	"内化提升"活动
		"生命意志"活动
		"艾滋病感染到我为止"活动

5. 预防教育

每月开展 2 课时艾滋病基本知识宣讲，为艾滋病戒毒人员讲解《艾滋病防治条例》和阳性预防相关知识，使他们了解恶意传播的危险性和违法性，帮助他们学会保护自我与保护他人，承诺并忠实履行"艾滋病感染到我为止"的观念。

6. 责任教育

每周开展以"承担责任"为出发点的责任教育，通过情景剧、现场辩论、真情演讲、写家书等方式引导艾滋病戒毒人员承担自己对家庭、对社会的责任，树立起责任意识。

7. 职业教育

根据安全原则帮助艾滋病戒毒人员筛选适合的工作、依据需求原则对艾滋病戒毒人员开展具有针对性的职业技能培训，包括焊工、电工、园艺等，帮助他们掌握一技之长，在戒治期满后能自力更生，促进其顺利回归社会。

第十五条 【"艾同"针对性教育】

针对艾滋病戒毒人员中同性恋群体的性取向和心理、行为特征，积极吸收高校、医院、心理协会等社会资源，强化平权教育，使其不卑不亢地适应并积极融入教育矫治生活。

1. 进行以"我'同'了没？"为主题的个别访谈，帮助"艾同"戒毒人员确定自己的性取向，避免其自行"贴标签"。

2. 开展"我'同'了，我烦恼"的团体辅导活动，鼓励"艾同"戒毒人员说出自己的性取向烦恼，并大胆宣告自己的性取向。

3. 举办"我'同'了，我认同"的同性恋知识讲座，为

"艾同"戒毒人员介绍全球同性恋基本情况，讲解同性恋确认标准，说明同性恋形成原因，增强"艾同"戒毒人员性取向的自我认同感。

第十六条　【个性问题的处理机制】

1. 生病的报告、处理

艾滋病戒毒人员出现身体异常，第一时间报告值班民警，民警及时将其带到医院进行医治，如果所部医院无法确诊，医院将开出外出就诊单，由民警将其带到合作医院进行检查、确诊，如果所内医院无法医治，按照规定办理变更执行方式。

2. 心理出现危机的报告、处理

当个别艾滋病戒毒人员出现心理危机时，发现人员将情况报值班民警，值班民警、主管民警将找其谈心，观察并疏导，如果无效果，将与心理矫治中心联系，请专业人员对其进行心理干预、疏导。

3. 家里出现意外情况的报告、处理、反馈

艾滋病戒毒人员将情况报告值班民警，民警报告大队，大队指定民警进行初核，并要求该戒毒人员家属将有关证明送来，并向上级报告，请示处理意见，大队按照上级决定意见处置，并将情况反馈给该戒毒人员。

4. 情绪发生波动的宣泄、处理

当发现艾滋病戒毒人员情绪发生波动，值班民警找其了解情况，并进行正面引导，同时告诉其主管警官共同做工作。

5. 违反纪律的心理疏导

当发现艾滋病戒毒人员违反纪律，值班民警找其了解情况，

并指出其行为的错误性，进行正面教育引导，同时告诉其主管警官共同做工作。

6. 与他人发生冲突的报告、处理

当艾滋病戒毒人员与他人发生冲突时，要求其找民警解决，民警对当事人讲明事情的危害性、处理决定及依据。

7. 咨询问题的报告、处理

当艾滋病戒毒人员遇到问题并找其主管警官咨询时，主管警官不能解决或不能答复的，找分管领导；分管领导不能解决的提交队务研究，并按照规定程序报批。

8. 生活出现困难的报告、处理

当艾滋病戒毒人员出现生活困难时，戒毒人员找其主管警官，主管警官报告大队，大队研究同意后，报请所部研究，申请生活救助基金。

9. 帮助因违反纪律要求受处理的人员

当艾滋病戒毒人员违反纪律要求受到处理后，至少应落实分管领导在内的两名民警和两名艾滋病戒毒人员对其提供帮助，帮助其分析原因，找准改正的方向，疏导心理压力。

第六章 转介帮扶指南

本技术指南中的转介帮扶,是指协调公安机关、司法机关、地方医疗卫生部门、民政部门、社区等跟踪更新艾滋病戒毒人员信息,在就业、生活、学习等方面给予其持续的关怀救助,帮助其顺利回归社会。

第一条 【工作思路】

在场所内回归指导区对艾滋病戒毒人员的转介帮扶,要求联动相关部门,实现无缝衔接。

1. 在场所回归指导区将回归社会后的艾滋病戒毒人员纳入社会管理系统,进行跟踪指导。回归指导中心内由专职民警负责对出所前一个月的艾滋病戒毒人员进行统一的回归指导。指导内容以抗病毒治疗、美沙酮维持治疗、转介治疗、国家"四免一关怀"政策、法律援助、就业谋生,以及社会生活、婚姻家庭生活、心理健康、抵制毒品诱惑等知识为主。

2. 在各级党委政府的支持下,在劳动用工单位、就业培训机构等部门的帮助下,场所协同司法所,依托社区,落实专门民警利用热线电话、网络沟通、民警回访等方式,为出所人员提供指导,帮助他们解决就业、生活、学习等出现的问题。

第二条 【入所衔接】

为保障转介帮扶的无缝衔接,在入所时要求全面掌握艾滋病戒毒人员的基本信息和相关材料。

在艾滋病戒毒人员入所后,应当查收其在公安机关强制隔离戒毒所执行强制隔离戒毒期间的相关材料,并联系地方疾控中心转介其抗病毒治疗信息到戒毒医疗中心。

第三条 【出所衔接】

1. 出所信息转介

在艾滋病戒毒人员戒治期满后,将其按期解除信息或延期解除信息、提前解除信息、所外就医信息、因病变更信息转介至解除强制隔离人员的户籍所在地或者现居住地公安机关。

将艾滋病病情及抗病毒治疗信息转介至艾滋病戒毒人员户籍所在地或现居住地疾控中心及定点医疗机构。

将美沙酮维持治疗信息转介至艾滋病戒毒人员户籍所在地或现居住地疾控中心及美沙酮维持治疗门诊机构。

2. 报到

艾滋病戒毒人员原所在专管大队积极鼓励其主动到户籍所在地的派出所、司法所及社区报到。

第四条 【专业指导与帮助机制】

在各地设立社区戒毒(康复)指导站,指导艾滋病戒毒人员更好地适应社区康复。在指导站内开设戒毒门诊,进行戒毒咨询等相关工作。为出所后的艾滋病戒毒人员提供戒毒咨询、艾滋病抗病毒治疗咨询等,加强艾滋病戒毒人员与当地医疗机构、疾控中心的联系,帮助其恢复正常的社会成员功能。

通过建立社区戒毒(康复)指导站等形式,对社区戒毒、

社会治理视域下禁毒防艾"四川经验"

社区康复进行专业指导,为出所人员在就业、社会保障、技能培训等方面提供专业指导与帮助,延伸所内戒毒效果。在凉山州建立"爱之家"禁毒防艾法律服务工作站协助当地为场所转介的艾滋病戒毒人员提供后续照管;积极引入社会力量,发掘当地产业优势,推动其就业、安居、脱贫工作;开展常态化禁毒防艾法治宣传教育,引导法律服务机构和人员提供公益性法律咨询、辩护、代理、司法鉴定等服务。

"爱之家"的主要职能包括以下六个方面:

1. 所地共同探索吸毒人员教育戒治模式。在"爱之家"禁毒防艾法律服务工作站,戒毒人员的亲属只要提前申报,就能远程探视各站点相对应强制隔离戒毒所内的戒毒人员。

2. 所地共同协调解决在收治管理、教育戒治中的问题和困难。

3. 所地共同推进禁毒防艾和脱贫攻坚工作。工作站将协助当地为场所转介的艾滋病感染者(病人)提供后续照管,提供就业推介、职业培训,开展常态化禁毒防艾法治宣传教育。

4. 引导法律服务机构和人员面向社会弱势群体、困难家庭、强制隔离戒毒人员、艾滋病感染者等提供公益性法律咨询、辩护、代理、司法鉴定等服务。

5. 协调当地有关部门对戒毒人员未成年子女、困难家庭给予帮扶。

6. 通过站点,积极引入社会力量,发掘当地产业优势,推动戒毒康复人员就业、安居、脱贫工作。

"爱之家"先后组织戒毒民警、法律顾问、"法律明白人"、志愿者等人,利用"6·26"国际禁毒日、"12·1"国际艾滋病日、"12·4"宪法宣传周等重要时间节点,通过"坝坝讲法"、送法进校园、禁毒防艾文艺汇演等形式开展专项法治宣讲,提供法律咨询、法律援助。

第五条　【创立帮扶基金,提供就业支持】

1. 帮扶基金

艾滋病戒毒人员在离所前可申请帮扶基金。提交申请后的艾滋病戒毒人员在离所2年后,凭借其就业合同、创业计划书及相关营业执照、2年内尿检报告可回所领取资金支持。

2. "社会直通线路"

鉴于艾滋病戒毒人员就业难度,积极联系企业并签订战略合作协议,为其争取相关就业岗位。依托区域优势和相关资源开辟了3条"社会直通线路"作为所内与社会的过渡性平台,即"爱心回归家园""爱心企业"和"艾滋病感染者家庭"。

a)经综合评估戒治效果良好的艾滋病戒毒人员,可以根据自己的情况,申请选择适合自己的社会直通站,接受当地公安机关的管控、爱心企业的管理和自身家庭的接纳,参加社会化劳动,获得社会劳动报酬。

b)场所为艾滋病戒毒人员争取了当地人社局免费职业培训政策,为参加社会化直通车的艾滋病戒毒人员提供了更多的定向培训和技术等级考证机会,直接服务于他们回归后的就业需求。

c)与凉山州合作,实施"基地工程",建立绿色回归家园,帮助感染者回归社会顺利就业。

第六条 【建立联系表,定期回访,落实关怀救助】

1. 一人一档

及时对解除强制隔离戒毒的艾滋病戒毒人员建立联系表,实行一人一档制度,指派专人对其进行帮扶指导,并及时对其回访情况进行记录。

2. 定期回访

专管大队为每位解除强制隔离的艾滋病戒毒人员建立后续照管个人档案。在回访中对了解到的有困难的人员积极联络相关职能部门共同参与后续照管工作,提高其回归社会后的生活质量,降低复吸率。

3. 季度分析会

艾滋病戒毒人员原所在大队每季度召开分析会,会上确定后续照管工作开展情况、照管对象回归社会后的现实表现情况,研究部署下一步工作计划以及对有复吸可能的照管对象指定帮教责任人,落实帮教防范措施。

4. 落实关怀救助

强制隔离戒毒所专管大队针对出所艾滋病戒毒人员开展后续照管工作,掌握其回归社会后的病情发展、婚姻家庭、择业就业、家庭经济收入、最低生活保障、父母养老、子女就学、本人及其家属是否受到歧视、"四免一关怀"政策的落实等情况。

第七条 【爱心捐赠】

针对有实际经济困难的家庭,协调社会团体和个人进行爱心捐赠。针对款项的接收和使用进行专门规定，严格进行收支审计。

第八条【打造宣传矩阵，提升社会共情】

除采取书面报道等传统报道形式外，通过排练情景剧、微电影、自媒体等形式进行禁毒防艾的宣传教育，吸引社会大众的关注，提高社会影响力。

开发以大凉山禁毒防艾和脱贫攻坚为背景的舞台剧《情满彝山》，总结和宣传相关工作经验。《情满彝山》先后在成都、凉山、绵阳等各个市州及西南石油大学等高校巡演。

四川省戒毒管理局及四川省资阳强制隔离戒毒所、四川省女子强制隔离戒毒所的微信公众号平台通过每日推送的方式实现了系统内禁毒防艾工作的透明化、动态化展示。

下编

重点法条

中华人民共和国禁毒法

(2007年12月29日第十届全国人民代表大会常务委员会第三十一次会议通过)

目 录

第一章　总则
第二章　禁毒宣传教育
第三章　毒品管制
第四章　戒毒措施
第五章　禁毒国际合作
第六章　法律责任
第七章　附则

第一章　总　　则

第一条　为了预防和惩治毒品违法犯罪行为，保护公民身心健康，维护社会秩序，制定本法。

第二条　本法所称毒品，是指鸦片、海洛因、甲基苯丙胺（冰毒）、吗啡、大麻、可卡因，以及国家规定管制的其他能够使人形成瘾癖的麻醉药品和精神药品。

根据医疗、教学、科研的需要，依法可以生产、经营、使用、储存、运输麻醉药品和精神药品。

第三条　禁毒是全社会的共同责任。国家机关、社会团体、企业事业单位以及其他组织和公民,应当依照本法和有关法律的规定,履行禁毒职责或者义务。

第四条 禁毒工作实行预防为主,综合治理,禁种、禁制、禁贩、禁吸并举的方针。

禁毒工作实行政府统一领导,有关部门各负其责,社会广泛参与的工作机制。

第五条 国务院设立国家禁毒委员会,负责组织、协调、指导全国的禁毒工作。

县级以上地方各级人民政府根据禁毒工作的需要,可以设立禁毒委员会,负责组织、协调、指导本行政区域内的禁毒工作。

第六条 县级以上各级人民政府应当将禁毒工作纳入国民经济和社会发展规划,并将禁毒经费列入本级财政预算。

第七条 国家鼓励对禁毒工作的社会捐赠,并依法给予税收优惠。

第八条 国家鼓励开展禁毒科学技术研究,推广先进的缉毒技术、装备和戒毒方法。

第九条 国家鼓励公民举报毒品违法犯罪行为。各级人民政府和有关部门应当对举报人予以保护,对举报有功人员以及在禁毒工作中有突出贡献的单位和个人,给予表彰和奖励。

第十条 国家鼓励志愿人员参与禁毒宣传教育和戒毒社会服务工作。地方各级人民政府应当对志愿人员进行指导、培训,并提供必要的工作条件。

第二章 禁毒宣传教育

第十一条 国家采取各种形式开展全民禁毒宣传教育,普及毒品预防知识，增强公民的禁毒意识，提高公民自觉抵制毒品的能力。

国家鼓励公民、组织开展公益性的禁毒宣传活动。

第十二条 各级人民政府应当经常组织开展多种形式的禁毒宣传教育。

工会、共产主义青年团、妇女联合会应当结合各自工作对象的特点，组织开展禁毒宣传教育。

第十三条 教育行政部门、学校应当将禁毒知识纳入教育、教学内容，对学生进行禁毒宣传教育。公安机关、司法行政部门和卫生行政部门应当予以协助。

第十四条 新闻、出版、文化、广播、电影、电视等有关单位，应当有针对性地面向社会进行禁毒宣传教育。

第十五条 飞机场、火车站、长途汽车站、码头以及旅店、娱乐场所等公共场所的经营者、管理者，负责本场所的禁毒宣传教育，落实禁毒防范措施，预防毒品违法犯罪行为在本场所内发生。

第十六条 国家机关、社会团体、企业事业单位以及其他组织，应当加强对本单位人员的禁毒宣传教育。

第十七条 居民委员会、村民委员会应当协助人民政府以及公安机关等部门，加强禁毒宣传教育，落实禁毒防范措施。

第十八条 未成年人的父母或者其他监护人应当对未成年人进行毒品危害的教育，防止其吸食、注射毒品或者进行其他毒品违法犯罪活动。

第三章　毒品管制

第十九条 国家对麻醉药品药用原植物种植实行管制。禁止非法种植罂粟、古柯植物、大麻植物以及国家规定管制的可以用于提炼加工毒品的其他原植物。禁止走私或者非法买卖、运输、携带、持有未经灭活的毒品原植物种子或者幼苗。

地方各级人民政府发现非法种植毒品原植物的，应当立即采取措施予以制止、铲除。村民委员会、居民委员会发现非法种植毒品原植物的，应当及时予以制止、铲除，并向当地公安机关报告。

第二十条　国家确定的麻醉药品药用原植物种植企业，必须按照国家有关规定种植麻醉药品药用原植物。

国家确定的麻醉药品药用原植物种植企业的提取加工场所，以及国家设立的麻醉药品储存仓库，列为国家重点警戒目标。

未经许可，擅自进入国家确定的麻醉药品药用原植物种植企业的提取加工场所或者国家设立的麻醉药品储存仓库等警戒区域的，由警戒人员责令其立即离开；拒不离开的，强行带离现场。

第二十一条　国家对麻醉药品和精神药品实行管制，对麻醉药品和精神药品的实验研究、生产、经营、使用、储存、运输实行许可和查验制度。

国家对易制毒化学品的生产、经营、购买、运输实行许可制度。

禁止非法生产、买卖、运输、储存、提供、持有、使用麻醉药品、精神药品和易制毒化学品。

第二十二条　国家对麻醉药品、精神药品和易制毒化学品的进口、出口实行许可制度。国务院有关部门应当按照规定的职责，对进口、出口麻醉药品、精神药品和易制毒化学品依法进行管理。禁止走私麻醉药品、精神药品和易制毒化学品。

第二十三条 发生麻醉药品、精神药品和易制毒化学品被盗、被抢、丢失或者其他流入非法渠道的情形,案发单位应当立即采取必要的控制措施,并立即向公安机关报告,同时依照规定向有关主管部门报告。

公安机关接到报告后,或者有证据证明麻醉药品、精神药品和易制毒化学品可能流入非法渠道的,应当及时开展调查,并可以对相关单位采取必要的控制措施。药品监督管理部门、卫生行政部门以及其他有关部门应当配合公安机关开展工作。

第二十四条 禁止非法传授麻醉药品、精神药品和易制毒化学品的制造方法。公安机关接到举报或者发现非法传授麻醉药品、精神药品和易制毒化学品制造方法的,应当及时依法查处。

第二十五条 麻醉药品、精神药品和易制毒化学品管理的具体办法,由国务院规定。

第二十六条 公安机关根据查缉毒品的需要,可以在边境地区、交通要道、口岸以及飞机场、火车站、长途汽车站、码头对来往人员、物品、货物以及交通工具进行毒品和易制毒化学品检查,民航、铁路、交通部门应当予以配合。

海关应当依法加强对进出口岸的人员、物品、货物和运输工具的检查,防止走私毒品和易制毒化学品。

邮政企业应当依法加强对邮件的检查,防止邮寄毒品和非法邮寄易制毒化学品。

第二十七条 娱乐场所应当建立巡查制度,发现娱乐场所内有毒品违法犯罪活动的,应当立即向公安机关报告。

第二十八条 对依法查获的毒品，吸食、注射毒品的用具，毒品违法犯罪的非法所得及其收益，以及直接用于实施毒品违法犯罪行为的本人所有的工具、设备、资金，应当收缴，依照规定处理。

第二十九条 反洗钱行政主管部门应当依法加强对可疑毒品犯罪资金的监测。反洗钱行政主管部门和其他依法负有反洗钱监督管理职责的部门、机构发现涉嫌毒品犯罪的资金流动情况，应当及时向侦查机关报告，并配合侦查机关做好侦查、调查工作。

第三十条 国家建立健全毒品监测和禁毒信息系统，开展毒品监测和禁毒信息的收集、分析、使用、交流工作。

第四章 戒毒措施

第三十一条 国家采取各种措施帮助吸毒人员戒除毒瘾，教育和挽救吸毒人员。

吸毒成瘾人员应当进行戒毒治疗。

吸毒成瘾的认定办法，由国务院卫生行政部门、药品监督管理部门、公安部门规定。

第三十二条 公安机关可以对涉嫌吸毒的人员进行必要的检测，被检测人员应当予以配合；对拒绝接受检测的，经县级以上人民政府公安机关或者其派出机构负责人批准，可以强制检测。

公安机关应当对吸毒人员进行登记。

第三十三条 对吸毒成瘾人员，公安机关可以责令其接受社区戒毒，同时通知吸毒人员户籍所在地或者现居住地的城市街道办事处、乡镇人民政府。社区戒毒的期限为三年。

戒毒人员应当在户籍所在地接受社区戒毒；在户籍所在地

以外的现居住地有固定住所的,可以在现居住地接受社区戒毒。

第三十四条 城市街道办事处、乡镇人民政府负责社区戒毒工作。城市街道办事处、乡镇人民政府可以指定有关基层组织,根据戒毒人员本人和家庭情况,与戒毒人员签订社区戒毒协议,落实有针对性的社区戒毒措施。公安机关和司法行政、卫生行政、民政等部门应当对社区戒毒工作提供指导和协助。

城市街道办事处、乡镇人民政府,以及县级人民政府劳动行政部门对无职业且缺乏就业能力的戒毒人员,应当提供必要的职业技能培训、就业指导和就业援助。

第三十五条 接受社区戒毒的戒毒人员应当遵守法律、法规,自觉履行社区戒毒协议,并根据公安机关的要求,定期接受检测。

对违反社区戒毒协议的戒毒人员,参与社区戒毒的工作人员应当进行批评、教育;对严重违反社区戒毒协议或者在社区戒毒期间又吸食、注射毒品的,应当及时向公安机关报告。

第三十六条 吸毒人员可以自行到具有戒毒治疗资质的医疗机构接受戒毒治疗。

设置戒毒医疗机构或者医疗机构从事戒毒治疗业务的,应当符合国务院卫生行政部门规定的条件,报所在地的省、自治区、直辖市人民政府卫生行政部门批准,并报同级公安机关备案。戒毒治疗应当遵守国务院卫生行政部门制定的戒毒治疗规范,接受卫生行政部门的监督检查。

戒毒治疗不得以营利为目的。戒毒治疗的药品、医疗器械和治疗方法不得做广告。戒毒治疗收取费用的,应当按照省、自治区、直辖市人民政府价格主管部门会同卫生行政部门制定的收费标准执行。

第三十七条 医疗机构根据戒毒治疗的需要,可以对接受戒毒治疗的戒毒人员进行身体和所携带物品的检查;对在治疗期间有人身危险的,可以采取必要的临时保护性约束措施。

发现接受戒毒治疗的戒毒人员在治疗期间吸食、注射毒品的,医疗机构应当及时向公安机关报告。

第三十八条 吸毒成瘾人员有下列情形之一的,由县级以上人民政府公安机关作出强制隔离戒毒的决定:

(一)拒绝接受社区戒毒的;

(二)在社区戒毒期间吸食、注射毒品的;

(三)严重违反社区戒毒协议的;

(四)经社区戒毒、强制隔离戒毒后再次吸食、注射毒品的。

对于吸毒成瘾严重,通过社区戒毒难以戒除毒瘾的人员,公安机关可以直接作出强制隔离戒毒的决定。

吸毒成瘾人员自愿接受强制隔离戒毒的,经公安机关同意,可以进入强制隔离戒毒场所戒毒。

第三十九条 怀孕或者正在哺乳自己不满一周岁婴儿的妇女吸毒成瘾的,不适用强制隔离戒毒。不满十六周岁的未成年人吸毒成瘾的,可以不适用强制隔离戒毒。

对依照前款规定不适用强制隔离戒毒的吸毒成瘾人员,依照本法规定进行社区戒毒,由负责社区戒毒工作的城市街道办事处、乡镇人民政府加强帮助、教育和监督,督促落实社区戒毒措施。

第四十条 公安机关对吸毒成瘾人员决定予以强制隔离戒毒的,应当制作强制隔离戒毒决定书,在执行强制隔离戒毒前送达被决定人,并在送达后二十四小时以内通知被决定人的家属、所在单位和户籍所在地公安派出所;被决定人不讲真实姓名、住址,身份不明的,公安机关应当自查清其身份后通知。

被决定人对公安机关作出的强制隔离戒毒决定不服的,可以依法申请行政复议或者提起行政诉讼。

第四十一条　对被决定予以强制隔离戒毒的人员,由作出决定的公安机关送强制隔离戒毒场所执行。

强制隔离戒毒场所的设置、管理体制和经费保障,由国务院规定。

第四十二条　戒毒人员进入强制隔离戒毒场所戒毒时,应当接受对其身体和所携带物品的检查。

第四十三条　强制隔离戒毒场所应当根据戒毒人员吸食、注射毒品的种类及成瘾程度等,对戒毒人员进行有针对性的生理、心理治疗和身体康复训练。

根据戒毒的需要,强制隔离戒毒场所可以组织戒毒人员参加必要的生产劳动,对戒毒人员进行职业技能培训。组织戒毒人员参加生产劳动的,应当支付劳动报酬。

第四十四条　强制隔离戒毒场所应当根据戒毒人员的性别、年龄、患病等情况,对戒毒人员实行分别管理。

强制隔离戒毒场所对有严重残疾或者疾病的戒毒人员,应当给予必要的看护和治疗;对患有传染病的戒毒人员,应当依法采取必要的隔离、治疗措施;对可能发生自伤、自残等情形的戒毒人员,可以采取相应的保护性约束措施。

强制隔离戒毒场所管理人员不得体罚、虐待或者侮辱戒毒人员。

第四十五条 强制隔离戒毒场所应当根据戒毒治疗的需要配备执业医师。强制隔离戒毒场所的执业医师具有麻醉药品和精神药品处方权的，可以按照有关技术规范对戒毒人员使用麻醉药品、精神药品。

卫生行政部门应当加强对强制隔离戒毒场所执业医师的业务指导和监督管理。

第四十六条 戒毒人员的亲属和所在单位或者就读学校的工作人员，可以按照有关规定探访戒毒人员。戒毒人员经强制隔离戒毒场所批准，可以外出探视配偶、直系亲属。

强制隔离戒毒场所管理人员应当对强制隔离戒毒场所以外的人员交给戒毒人员的物品和邮件进行检查，防止夹带毒品。在检查邮件时，应当依法保护戒毒人员的通信自由和通信秘密。

第四十七条 强制隔离戒毒的期限为二年。

执行强制隔离戒毒一年后，经诊断评估，对于戒毒情况良好的戒毒人员，强制隔离戒毒场所可以提出提前解除强制隔离戒毒的意见，报强制隔离戒毒的决定机关批准。

强制隔离戒毒期满前，经诊断评估，对于需要延长戒毒期限的戒毒人员，由强制隔离戒毒场所提出延长戒毒期限的意见，报强制隔离戒毒的决定机关批准。强制隔离戒毒的期限最长可以延长一年。

第四十八条 对于被解除强制隔离戒毒的人员，强制隔离戒毒的决定机关可以责令其接受不超过三年的社区康复。

社区康复参照本法关于社区戒毒的规定实施。

第四十九条 县级以上地方各级人民政府根据戒毒工作的需要，可以开办戒毒康复场所；对社会力量依法开办的公益性戒毒康复场所应当给予扶持，提供必要的便利和帮助。

戒毒人员可以自愿在戒毒康复场所生活、劳动。戒毒康复场所组织戒毒人员参加生产劳动的，应当参照国家劳动用工制度的规定支付劳动报酬。

第五十条　公安机关、司法行政部门对被依法拘留、逮捕、收监执行刑罚以及被依法采取强制性教育措施的吸毒人员，应当给予必要的戒毒治疗。

第五十一条　省、自治区、直辖市人民政府卫生行政部门会同公安机关、药品监督管理部门依照国家有关规定，根据巩固戒毒成果的需要和本行政区域艾滋病流行情况，可以组织开展戒毒药物维持治疗工作。

第五十二条　戒毒人员在入学、就业、享受社会保障等方面不受歧视。有关部门、组织和人员应当在入学、就业、享受社会保障等方面对戒毒人员给予必要的指导和帮助。

第五章　禁毒国际合作

第五十三条　中华人民共和国根据缔结或者参加的国际条约或者按照对等原则，开展禁毒国际合作。

第五十四条　国家禁毒委员会根据国务院授权，负责组织开展禁毒国际合作，履行国际禁毒公约义务。

第五十五条　涉及追究毒品犯罪的司法协助，由司法机关依照有关法律的规定办理。

第五十六条　国务院有关部门应当按照各自职责，加强与有关国家或者地区执法机关以及国际组织的禁毒情报信息交流，依法开展禁毒执法合作。

经国务院公安部门批准，边境地区县级以上人民政府公安机关可以与有关国家或者地区的执法机关开展执法合作。

第五十七条 通过禁毒国际合作破获毒品犯罪案件的，中华人民共和国政府可以与有关国家分享查获的非法所得、由非法所得获得的收益以及供毒品犯罪使用的财物或者财物变卖所得的款项。

第五十八条 国务院有关部门根据国务院授权，可以通过对外援助等渠道，支持有关国家实施毒品原植物替代种植、发展替代产业。

第六章　法律责任

第五十九条 有下列行为之一，构成犯罪的，依法追究刑事责任；尚不构成犯罪的，依法给予治安管理处罚：

（一）走私、贩卖、运输、制造毒品的；

（二）非法持有毒品的；

（三）非法种植毒品原植物的；

（四）非法买卖、运输、携带、持有未经灭活的毒品原植物种子或者幼苗的；

（五）非法传授麻醉药品、精神药品或者易制毒化学品制造方法的；

（六）强迫、引诱、教唆、欺骗他人吸食、注射毒品的；

（七）向他人提供毒品的。

第六十条 有下列行为之一，构成犯罪的，依法追究刑事责任；尚不构成犯罪的，依法给予治安管理处罚：

（一）包庇走私、贩卖、运输、制造毒品的犯罪分子，以及为犯罪分子窝藏、转移、隐瞒毒品或者犯罪所得财物的；

（二）在公安机关查处毒品违法犯罪活动时为违法犯罪行为

人通风报信的；

（三）阻碍依法进行毒品检查的；

（四）隐藏、转移、变卖或者损毁司法机关、行政执法机关依法扣押、查封、冻结的涉及毒品违法犯罪活动的财物的。

第六十一条 容留他人吸食、注射毒品或者介绍买卖毒品，构成犯罪的，依法追究刑事责任；尚不构成犯罪的，由公安机关处十日以上十五日以下拘留，可以并处三千元以下罚款；情节较轻的，处五日以下拘留或者五百元以下罚款。

第六十二条 吸食、注射毒品的，依法给予治安管理处罚。吸毒人员主动到公安机关登记或者到有资质的医疗机构接受戒毒治疗的，不予处罚。

第六十三条 在麻醉药品、精神药品的实验研究、生产、经营、使用、储存、运输、进口、出口以及麻醉药品药用原植物种植活动中，违反国家规定，致使麻醉药品、精神药品或者麻醉药品药用原植物流入非法渠道，构成犯罪的，依法追究刑事责任；尚不构成犯罪的，依照有关法律、行政法规的规定给予处罚。

第六十四条 在易制毒化学品的生产、经营、购买、运输或者进口、出口活动中，违反国家规定，致使易制毒化学品流入非法渠道，构成犯罪的，依法追究刑事责任；尚不构成犯罪的，依照有关法律、行政法规的规定给予处罚。

第六十五条 娱乐场所及其从业人员实施毒品违法犯罪行为，或者为进入娱乐场所的人员实施毒品违法犯罪行为提供条件，构成犯罪的，依法追究刑事责任；尚不构成犯罪的，依照有关法律、行政法规的规定给予处罚。

娱乐场所经营管理人员明知场所内发生聚众吸食、注射毒品或者贩毒活动,不向公安机关报告的,依照前款的规定给予处罚。

第六十六条 未经批准,擅自从事戒毒治疗业务的,由卫生行政部门责令停止违法业务活动,没收违法所得和使用的药品、医疗器械等物品;构成犯罪的,依法追究刑事责任。

第六十七条 戒毒医疗机构发现接受戒毒治疗的戒毒人员在治疗期间吸食、注射毒品,不向公安机关报告的,由卫生行政部门责令改正;情节严重的,责令停业整顿。

第六十八条 强制隔离戒毒场所、医疗机构、医师违反规定使用麻醉药品、精神药品,构成犯罪的,依法追究刑事责任;尚不构成犯罪的,依照有关法律、行政法规的规定给予处罚。

第六十九条 公安机关、司法行政部门或者其他有关主管部门的工作人员在禁毒工作中有下列行为之一,构成犯罪的,依法追究刑事责任;尚不构成犯罪的,依法给予处分:

(一)包庇、纵容毒品违法犯罪人员的;

(二)对戒毒人员有体罚、虐待、侮辱等行为的;

(三)挪用、截留、克扣禁毒经费的;

(四)擅自处分查获的毒品和扣押、查封、冻结的涉及毒品违法犯罪活动的财物的。

第七十条 有关单位及其工作人员在入学、就业、享受社会保障等方面歧视戒毒人员的,由教育行政部门、劳动行政部门责令改正;给当事人造成损失的,依法承担赔偿责任。

第七章 附 则

第七十一条 本法自 2008 年 6 月 1 日起施行。《全国人民代表大会常务委员会关于禁毒的决定》同时废止。

艾滋病防治条例

(2006年1月29日中华人民共和国国务院令第457号公布 根据2019年3月2日《国务院关于修改部分行政法规的决定》修订)

第一章 总 则

第一条 为了预防、控制艾滋病的发生与流行,保障人体健康和公共卫生,根据传染病防治法,制定本条例。

第二条 艾滋病防治工作坚持预防为主、防治结合的方针,建立政府组织领导、部门各负其责、全社会共同参与的机制,加强宣传教育,采取行为干预和关怀救助等措施,实行综合防治。

第三条 任何单位和个人不得歧视艾滋病病毒感染者、艾滋病病人及其家属。艾滋病病毒感染者、艾滋病病人及其家属享有的婚姻、就业、就医、入学等合法权益受法律保护。

第四条 县级以上人民政府统一领导艾滋病防治工作,建立健全艾滋病防治工作协调机制和工作责任制,对有关部门承担的艾滋病防治工作进行考核、监督。

县级以上人民政府有关部门按照职责分工负责艾滋病防治及其监督管理工作。

第五条 国务院卫生主管部门会同国务院其他有关部门制定国家艾滋病防治规划;县级以上地方人民政府依照本条例规

定和国家艾滋病防治规划，制定并组织实施本行政区域的艾滋病防治行动计划。

第六条 国家鼓励和支持工会、共产主义青年团、妇女联合会、红十字会等团体协助各级人民政府开展艾滋病防治工作。

居民委员会和村民委员会应当协助地方各级人民政府和政府有关部门开展有关艾滋病防治的法律、法规、政策和知识的宣传教育，发展有关艾滋病防治的公益事业，做好艾滋病防治工作。

第七条 各级人民政府和政府有关部门应当采取措施，鼓励和支持有关组织和个人依照本条例规定以及国家艾滋病防治规划和艾滋病防治行动计划的要求，参与艾滋病防治工作，对艾滋病防治工作提供捐赠，对有易感染艾滋病病毒危险行为的人群进行行为干预，对艾滋病病毒感染者、艾滋病病人及其家属提供关怀和救助。

第八条 国家鼓励和支持开展与艾滋病预防、诊断、治疗等有关的科学研究，提高艾滋病防治的科学技术水平；鼓励和支持开展传统医药以及传统医药与现代医药相结合防治艾滋病的临床治疗与研究。

国家鼓励和支持开展艾滋病防治工作的国际合作与交流。

第九条 县级以上人民政府和政府有关部门对在艾滋病防治工作中做出显著成绩和贡献的单位和个人，给予表彰和奖励。

对因参与艾滋病防治工作或者因执行公务感染艾滋病病毒，以及因此致病、丧失劳动能力或者死亡的人员，按照有关规定给予补助、抚恤。

第二章 宣传教育

第十条 地方各级人民政府和政府有关部门应当组织开展艾滋病防治以及关怀和不歧视艾滋病病毒感染者、艾滋病病人及其家属的宣传教育，提倡健康文明的生活方式，营造良好的艾滋病防治的社会环境。

第十一条 地方各级人民政府和政府有关部门应当在车站、码头、机场、公园等公共场所以及旅客列车和从事旅客运输的船舶等公共交通工具显著位置，设置固定的艾滋病防治广告牌或者张贴艾滋病防治公益广告，组织发放艾滋病防治宣传材料。

第十二条 县级以上人民政府卫生主管部门应当加强艾滋病防治的宣传教育工作，对有关部门、组织和个人开展艾滋病防治的宣传教育工作提供技术支持。

医疗卫生机构应当组织工作人员学习有关艾滋病防治的法律、法规、政策和知识；医务人员在开展艾滋病、性病等相关疾病咨询、诊断和治疗过程中，应当对就诊者进行艾滋病防治的宣传教育。

第十三条 县级以上人民政府教育主管部门应当指导、督促高等院校、中等职业学校和普通中学将艾滋病防治知识纳入有关课程，开展有关课外教育活动。

高等院校、中等职业学校和普通中学应当组织学生学习艾滋病防治知识。

第十四条 县级以上人民政府卫生主管部门应当利用计划生育宣传和技术服务网络，组织开展艾滋病防治的宣传教育。

计划生育技术服务机构向育龄人群提供计划生育技术服务和生殖健康服务时，应当开展艾滋病防治的宣传教育。

第十五条 县级以上人民政府有关部门和从事劳务中介服务的机构，应当对进城务工人员加强艾滋病防治的宣传教育。

第十六条 出入境检验检疫机构应当在出入境口岸加强艾滋病防治的宣传教育工作，对出入境人员有针对性地提供艾滋病防治咨询和指导。

第十七条 国家鼓励和支持妇女联合会、红十字会开展艾滋病防治的宣传教育，将艾滋病防治的宣传教育纳入妇女儿童工作内容，提高妇女预防艾滋病的意识和能力，组织红十字会会员和红十字会志愿者开展艾滋病防治的宣传教育。

第十八条 地方各级人民政府和政府有关部门应当采取措施，鼓励和支持有关组织和个人对有易感染艾滋病病毒危险行为的人群开展艾滋病防治的咨询、指导和宣传教育。

第十九条 广播、电视、报刊、互联网等新闻媒体应当开展艾滋病防治的公益宣传。

第二十条 机关、团体、企业事业单位、个体经济组织应当组织本单位从业人员学习有关艾滋病防治的法律、法规、政策和知识，支持本单位从业人员参与艾滋病防治的宣传教育活动。

第二十一条 县级以上地方人民政府应当在医疗卫生机构开通艾滋病防治咨询服务电话，向公众提供艾滋病防治咨询服务和指导。

第三章 预防与控制

第二十二条 国家建立健全艾滋病监测网络。

国务院卫生主管部门制定国家艾滋病监测规划和方案。省、自治区、直辖市人民政府卫生主管部门根据国家艾滋病监测规划和方案,制定本行政区域的艾滋病监测计划和工作方案,组织开展艾滋病监测和专题调查,掌握艾滋病疫情变化情况和流行趋势。

疾病预防控制机构负责对艾滋病发生、流行以及影响其发生、流行的因素开展监测活动。

出入境检验检疫机构负责对出入境人员进行艾滋病监测,并将监测结果及时向卫生主管部门报告。

第二十三条 国家实行艾滋病自愿咨询和自愿检测制度。

县级以上地方人民政府卫生主管部门指定的医疗卫生机构,应当按照国务院卫生主管部门会同国务院其他有关部门制定的艾滋病自愿咨询和检测办法,为自愿接受艾滋病咨询、检测的人员免费提供咨询和初筛检测。

第二十四条 国务院卫生主管部门会同国务院其他有关部门根据预防、控制艾滋病的需要,可以规定应当进行艾滋病检测的情形。

第二十五条 省级以上人民政府卫生主管部门根据医疗卫生机构布局和艾滋病流行情况,按照国家有关规定确定承担艾滋病检测工作的实验室。

国家出入境检验检疫机构按照国务院卫生主管部门规定的标准和规范,确定承担出入境人员艾滋病检测工作的实验室。

第二十六条 县级以上地方人民政府和政府有关部门应当依照本条例规定,根据本行政区域艾滋病的流行情况,制定措施,鼓励和支持居民委员会、村民委员会以及其他有关组织和个人推广预防艾滋病的行为干预措施,帮助有易感染艾滋病病毒危险行为的人群改变行为。

有关组织和个人对有易感染艾滋病病毒危险行为的人群实施行为干预措施，应当符合本条例的规定以及国家艾滋病防治规划和艾滋病防治行动计划的要求。

第二十七条 县级以上人民政府应当建立艾滋病防治工作与禁毒工作的协调机制，组织有关部门落实针对吸毒人群的艾滋病防治措施。

省、自治区、直辖市人民政府卫生、公安和药品监督管理部门应当互相配合，根据本行政区域艾滋病流行和吸毒者的情况，积极稳妥地开展对吸毒成瘾者的药物维持治疗工作，并有计划地实施其他干预措施。

第二十八条 县级以上人民政府卫生、市场监督管理、药品监督管理、广播电视等部门应当组织推广使用安全套，建立和完善安全套供应网络。

第二十九条 省、自治区、直辖市人民政府确定的公共场所的经营者应当在公共场所内放置安全套或者设置安全套发售设施。

第三十条 公共场所的服务人员应当依照《公共场所卫生管理条例》的规定，定期进行相关健康检查，取得健康合格证明；经营者应当查验其健康合格证明，不得允许未取得健康合格证明的人员从事服务工作。

第三十一条 公安、司法行政机关对被依法逮捕、拘留和在监狱中执行刑罚以及被依法收容教育、强制戒毒和劳动教养的艾滋病病毒感染者和艾滋病病人，应当采取相应的防治措施，防止艾滋病传播。

对公安、司法行政机关依照前款规定采取的防治措施，县级以上地方人民政府应当给予经费保障，疾病预防控制机构应当予以技术指导和配合。

第三十二条 对卫生技术人员和在执行公务中可能感染艾滋病病毒的人员，县级以上人民政府卫生主管部门和其他有关部门应当组织开展艾滋病防治知识和专业技能的培训，有关单位应当采取有效的卫生防护措施和医疗保健措施。

第三十三条 医疗卫生机构和出入境检验检疫机构应当按照国务院卫生主管部门的规定，遵守标准防护原则，严格执行操作规程和消毒管理制度，防止发生艾滋病医院感染和医源性感染。

第三十四条 疾病预防控制机构应当按照属地管理的原则，对艾滋病病毒感染者和艾滋病病人进行医学随访。

第三十五条 血站、单采血浆站应当对采集的人体血液、血浆进行艾滋病检测；不得向医疗机构和血液制品生产单位供应未经艾滋病检测或者艾滋病检测阳性的人体血液、血浆。

血液制品生产单位应当在原料血浆投料生产前对每一份血浆进行艾滋病检测；未经艾滋病检测或者艾滋病检测阳性的血浆，不得作为原料血浆投料生产。

医疗机构应当对因应急用血而临时采集的血液进行艾滋病检测，对临床用血艾滋病检测结果进行核查；对未经艾滋病检测、核查或者艾滋病检测阳性的血液，不得采集或者使用。

第三十六条 采集或者使用人体组织、器官、细胞、骨髓等的，应当进行艾滋病检测；未经艾滋病检测或者艾滋病检测阳性的，不得采集或者使用。但是，用于艾滋病防治科研、教学的除外。

第三十七条 进口人体血液制品,应当依照药品管理法的规定,经国务院药品监督管理部门批准,取得进口药品注册证书。

禁止进出口用于临床医疗的人体血液、血浆、组织、器官、细胞、骨髓等。但是,出于人道主义、救死扶伤目的,可以进出口临床急需、捐献配型的特殊血型血液、骨髓造血干细胞、外周血造血干细胞、脐带血造血干细胞,由中国红十字会总会办理出入境手续;具体办法由国务院卫生主管部门会同国家出入境检验检疫机构制定。

依照前款规定进出口的特殊血型血液、骨髓造血干细胞、外周血造血干细胞、脐带血造血干细胞,应当依照国境卫生检疫法律、行政法规的有关规定,接受出入境检验检疫机构的检疫。未经检疫或者检疫不合格的,不得进出口。

第三十八条 艾滋病病毒感染者和艾滋病病人应当履行下列义务:

(一)接受疾病预防控制机构或者出入境检验检疫机构的流行病学调查和指导;

(二)将感染或者发病的事实及时告知与其有性关系者;

(三)就医时,将感染或者发病的事实如实告知接诊医生;

(四)采取必要的防护措施,防止感染他人。

艾滋病病毒感染者和艾滋病病人不得以任何方式故意传播艾滋病。

第三十九条 疾病预防控制机构和出入境检验检疫机构进行艾滋病流行病学调查时,被调查单位和个人应当如实提供有关情况。

未经本人或者其监护人同意,任何单位或者个人不得公开艾滋病病毒感染者、艾滋病病人及其家属的姓名、住址、工作单位、肖像、病史资料以及其他可能推断出其具体身份的信息。

第四十条 县级以上人民政府卫生主管部门和出入境检验检疫机构可以封存有证据证明可能被艾滋病病毒污染的物品,并予以检验或者进行消毒。经检验,属于被艾滋病病毒污染的物品,应当进行卫生处理或者予以销毁;对未被艾滋病病毒污染的物品或者经消毒后可以使用的物品,应当及时解除封存。

第四章 治疗与救助

第四十一条 医疗机构应当为艾滋病病毒感染者和艾滋病病人提供艾滋病防治咨询、诊断和治疗服务。

医疗机构不得因就诊的病人是艾滋病病毒感染者或者艾滋病病人,推诿或者拒绝对其他疾病进行治疗。

第四十二条 对确诊的艾滋病病毒感染者和艾滋病病人,医疗卫生机构的工作人员应当将其感染或者发病的事实告知本人;本人为无行为能力人或者限制行为能力人的,应当告知其监护人。

第四十三条 医疗卫生机构应当按照国务院卫生主管部门制定的预防艾滋病母婴传播技术指导方案的规定,对孕产妇提供艾滋病防治咨询和检测,对感染艾滋病病毒的孕产妇及其婴儿,提供预防艾滋病母婴传播的咨询、产前指导、阻断、治疗、产后访视、婴儿随访和检测等服务。

第四十四条 县级以上人民政府应当采取下列艾滋病防治关怀、救助措施:

(一)向农村艾滋病病人和城镇经济困难的艾滋病病人免费

提供抗艾滋病病毒治疗药品；

（二）对农村和城镇经济困难的艾滋病病毒感染者、艾滋病病人适当减免抗机会性感染治疗药品的费用；

（三）向接受艾滋病咨询、检测的人员免费提供咨询和初筛检测；

（四）向感染艾滋病病毒的孕产妇免费提供预防艾滋病母婴传播的治疗和咨询。

第四十五条 生活困难的艾滋病病人遗留的孤儿和感染艾滋病病毒的未成年人接受义务教育的，应当免收杂费、书本费；接受学前教育和高中阶段教育的，应当减免学费等相关费用。

第四十六条 县级以上地方人民政府应当对生活困难并符合社会救助条件的艾滋病病毒感染者、艾滋病病人及其家属给予生活救助。

第四十七条 县级以上地方人民政府有关部门应当创造条件，扶持有劳动能力的艾滋病病毒感染者和艾滋病病人，从事力所能及的生产和工作。

第五章 保障措施

第四十八条 县级以上人民政府应当将艾滋病防治工作纳入国民经济和社会发展规划，加强和完善艾滋病预防、检测、控制、治疗和救助服务网络的建设，建立健全艾滋病防治专业队伍。

各级人民政府应当根据艾滋病防治工作需要，将艾滋病防治经费列入本级财政预算。

第四十九条 县级以上地方人民政府按照本级政府的职责，负责艾滋病预防、控制、监督工作所需经费。

国务院卫生主管部门会同国务院其他有关部门,根据艾滋病流行趋势,确定全国与艾滋病防治相关的宣传、培训、监测、检测、流行病学调查、医疗救治、应急处置以及监督检查等项目。中央财政对在艾滋病流行严重地区和贫困地区实施的艾滋病防治重大项目给予补助。

省、自治区、直辖市人民政府根据本行政区域的艾滋病防治工作需要和艾滋病流行趋势,确定与艾滋病防治相关的项目,并保障项目的实施经费。

第五十条 县级以上人民政府应当根据艾滋病防治工作需要和艾滋病流行趋势,储备抗艾滋病病毒治疗药品、检测试剂和其他物资。

第五十一条 地方各级人民政府应当制定扶持措施,对有关组织和个人开展艾滋病防治活动提供必要的资金支持和便利条件。有关组织和个人参与艾滋病防治公益事业,依法享受税收优惠。

第六章 法律责任

第五十二条 地方各级人民政府未依照本条例规定履行组织、领导、保障艾滋病防治工作职责,或者未采取艾滋病防治和救助措施的,由上级人民政府责令改正,通报批评;造成艾滋病传播、流行或者其他严重后果的,对负有责任的主管人员依法给予行政处分;构成犯罪的,依法追究刑事责任。

第五十三条 县级以上人民政府卫生主管部门违反本条例规定,有下列情形之一的,由本级人民政府或者上级人民政府卫生主管部门责令改正,通报批评;造成艾滋病传播、流行或者其他严重后果的,对负有责任的主管人员和其他直接责任人员依法给予行政处分；构成犯罪的，依法追究刑事责任：

（一）未履行艾滋病防治宣传教育职责的；

（二）对有证据证明可能被艾滋病病毒污染的物品，未采取控制措施的；

（三）其他有关失职、渎职行为。

出入境检验检疫机构有前款规定情形的，由其上级主管部门依照本条规定予以处罚。

第五十四条　县级以上人民政府有关部门未依照本条例规定履行宣传教育、预防控制职责的，由本级人民政府或者上级人民政府有关部门责令改正，通报批评；造成艾滋病传播、流行或者其他严重后果的，对负有责任的主管人员和其他直接责任人员依法给予行政处分；构成犯罪的，依法追究刑事责任。

第五十五条　医疗卫生机构未依照本条例规定履行职责，有下列情形之一的，由县级以上人民政府卫生主管部门责令限期改正，通报批评，给予警告；造成艾滋病传播、流行或者其他严重后果的，对负有责任的主管人员和其他直接责任人员依法给予降级、撤职、开除的处分，并可以依法吊销有关机构或者责任人员的执业许可证件；构成犯罪的，依法追究刑事责任：

（一）未履行艾滋病监测职责的；

（二）未按照规定免费提供咨询和初筛检测的；

（三）对临时应急采集的血液未进行艾滋病检测，对临床用血艾滋病检测结果未进行核查，或者将艾滋病检测阳性的血液用于临床的；

（四）未遵守标准防护原则，或者未执行操作规程和消毒管理制度，发生艾滋病医院感染或者医源性感染的；

（五）未采取有效的卫生防护措施和医疗保健措施的；

（六）推诿、拒绝治疗艾滋病病毒感染者或者艾滋病病人的其他疾病，或者对艾滋病病毒感染者、艾滋病病人未提供咨询、诊断和治疗服务的；

（七）未对艾滋病病毒感染者或者艾滋病病人进行医学随访的；

（八）未按照规定对感染艾滋病病毒的孕产妇及其婴儿提供预防艾滋病母婴传播技术指导的。

出入境检验检疫机构有前款第（一）项、第（四）项、第（五）项规定情形的，由其上级主管部门依照前款规定予以处罚。

第五十六条 医疗卫生机构违反本条例第三十九条第二款规定，公开艾滋病病毒感染者、艾滋病病人或者其家属的信息的，依照传染病防治法的规定予以处罚。

出入境检验检疫机构、计划生育技术服务机构或者其他单位、个人违反本条例第三十九条第二款规定，公开艾滋病病毒感染者、艾滋病病人或者其家属的信息的，由其上级主管部门责令改正，通报批评，给予警告，对负有责任的主管人员和其他直接责任人员依法给予处分；情节严重的，由原发证部门吊销有关机构或者责任人员的执业许可证件。

第五十七条 血站、单采血浆站违反本条例规定，有下列情形之一，构成犯罪的，依法追究刑事责任；尚不构成犯罪的，由县级以上人民政府卫生主管部门依照献血法和《血液制品管理条例》的规定予以处罚；造成艾滋病传播、流行或者其他严重后果的，对负有责任的主管人员和其他直接责任人员依法给予降级、撤职、开除的处分，并可以依法吊销血站、单采血浆站的执业许可证：

（一）对采集的人体血液、血浆未进行艾滋病检测，或者发现艾滋病检测阳性的人体血液、血浆仍然采集的；

（二）将未经艾滋病检测的人体血液、血浆，或者艾滋病检测阳性的人体血液、血浆供应给医疗机构和血液制品生产单位的。

第五十八条 违反本条例第三十六条规定采集或者使用人体组织、器官、细胞、骨髓等的，由县级人民政府卫生主管部门责令改正，通报批评，给予警告；情节严重的，责令停业整顿，有执业许可证件的，由原发证部门暂扣或者吊销其执业许可证件。

第五十九条 对不符合本条例第三十七条第二款规定进出口的人体血液、血浆、组织、器官、细胞、骨髓等，进出口口岸出入境检验检疫机构应当禁止出入境或者监督销毁。提供、使用未经出入境检验检疫机构检疫的进口人体血液、血浆、组织、器官、细胞、骨髓等的，由县级以上人民政府卫生主管部门没收违法物品以及违法所得，并处违法物品货值金额3倍以上5倍以下的罚款；对负有责任的主管人员和其他直接责任人员由其所在单位或者上级主管部门依法给予处分。

未经国务院药品监督管理部门批准，进口血液制品的，依照药品管理法的规定予以处罚。

第六十条 血站、单采血浆站、医疗卫生机构和血液制品生产单位违反法律、行政法规的规定，造成他人感染艾滋病病毒的，应当依法承担民事赔偿责任。

第六十一条 公共场所的经营者未查验服务人员的健康合格证明或者允许未取得健康合格证明的人员从事服务工作，省、自治区、直辖市人民政府确定的公共场所的经营者未在公共场所内放置安全套或者设置安全套发售设施的，由县级以上人民政府卫生主管部门责令限期改正，给予警告，可以并处500元以上5000元以下的罚款；逾期不改正的，责令停业整顿；情节严重的，由原发证部门依法吊销其执业许可证件。

第六十二条 艾滋病病毒感染者或者艾滋病病人故意传播艾滋病的，依法承担民事赔偿责任；构成犯罪的，依法追究刑事责任。

第七章 附　　则

第六十三条 本条例下列用语的含义：

艾滋病，是指人类免疫缺陷病毒（艾滋病病毒）引起的获得性免疫缺陷综合征。

对吸毒成瘾者的药物维持治疗，是指在批准开办戒毒治疗业务的医疗卫生机构中，选用合适的药物，对吸毒成瘾者进行维持治疗，以减轻对毒品的依赖，减少注射吸毒引起艾滋病病毒的感染和扩散，减少毒品成瘾引起的疾病、死亡和引发的犯罪。

标准防护原则，是指医务人员将所有病人的血液、其他体液以及被血液、其他体液污染的物品均视为具有传染性的病原物质，医务人员在接触这些物质时，必须采取防护措施。

有易感染艾滋病病毒危险行为的人群，是指有卖淫、嫖娼、多性伴、男性同性性行为、注射吸毒等危险行为的人群。

艾滋病监测，是指连续、系统地收集各类人群中艾滋病

（或者艾滋病病毒感染）及其相关因素的分布资料，对这些资料综合分析，为有关部门制定预防控制策略和措施提供及时可靠的信息和依据，并对预防控制措施进行效果评价。

艾滋病检测，是指采用实验室方法对人体血液、其他体液、组织器官、血液衍生物等进行艾滋病病毒、艾滋病病毒抗体及相关免疫指标检测，包括监测、检验检疫、自愿咨询检测、临床诊断、血液及血液制品筛查工作中的艾滋病检测。

行为干预措施，是指能够有效减少艾滋病传播的各种措施，包括：针对经注射吸毒传播艾滋病的美沙酮维持治疗等措施；针对经性传播艾滋病的安全套推广使用措施，以及规范、方便的性病诊疗措施；针对母婴传播艾滋病的抗病毒药物预防和人工代乳品喂养等措施；早期发现感染者和有助于危险行为改变的自愿咨询检测措施；健康教育措施；提高个人规范意识以及减少危险行为的针对性同伴教育措施。

第六十四条 本条例自2006年3月1日起施行。1987年12月26日经国务院批准，1988年1月14日由卫生部、外交部、公安部、原国家教育委员会、国家旅游局、原中国民用航空局、国家外国专家局发布的《艾滋病监测管理的若干规定》同时废止。

最高人民检察院、公安部、司法部、国家卫生和计划生育委员会关于印发《监管场所艾滋病防治管理办法》的通知

(司发通〔2015〕49号)

各省、自治区、直辖市人民检察院,公安厅(局),司法厅(局),卫生计生委,新疆生产建设兵团人民检察院、公安局、司法局、卫生局:

为认真贯彻落实国家艾滋病防治的有关法律法规和相关政策,最高人民检察院、公安部、司法部、国家卫生和计划生育委员会联合制定了《监管场所艾滋病防治管理办法》,现印发给你们,请遵照执行。

最高人民检察院
公安部
司法部
国家卫生和计划生育委员会
2015年5月19日

监管场所艾滋病防治管理办法

第一章 总 则

第一条 为加强监管场所艾滋病防治工作，遏制艾滋病的传播，保护被监管人员和监管场所工作人员的身体健康，维护监管场所安全，根据《中华人民共和国传染病防治法》、《中华人民共和国监狱法》、《中华人民共和国禁毒法》、《艾滋病防治条例》、《中华人民共和国看守所条例》、《戒毒条例》、《拘留所条例》及有关法律法规，制定本办法。

第二条 本办法所称的监管场所是指监狱（包括未成年犯管教所）、看守所、强制隔离戒毒所、收容教育所、拘留所以及强制医疗机构。

本办法所称的被监管人员是指上述监管场所的罪犯、犯罪嫌疑人、被告人、强制隔离戒毒人员、被收容教养人员、被收容教育人员、被拘留人员和被强制医疗人员。

第三条 最高人民检察院、公安部、司法部、国家卫生和计划生育委员会按照职责分工，指导和监督监管场所的艾滋病防治工作。地方各级检察机关、公安机关、司法行政机关和卫生计生行政部门建立健全监管场所艾滋病防治工作协调机制和工作责任制，对监管场所艾滋病防治进行有效管理。

检察机关依法对监狱、看守所艾滋病防治、管理的执法活动实行监督。

公安机关、司法行政机关分别负责所属监管场所内的艾滋病防治具体实施工作，包括组织开展艾滋病防治知识宣传教育、

最高人民检察院、公安部、司法部、国家卫生和计划生育委员会关于印发《监管场所艾滋病防治管理办法》的通知

培训、机构建设、职业暴露防护;对被监管人员开展艾滋病病毒抗体筛查检测、检测结果告知、咨询和健康指导;对艾滋病病毒感染者和病人进行治疗、管理;协助地方医疗卫生机构对艾滋病病毒感染者和病人进行流行病学调查和随访;对重返社会的艾滋病病毒感染者和病人提供出监所转介服务。

卫生计生行政部门负责协调疾病预防控制和医疗机构提供艾滋病病毒抗体筛查检测、结果告知等工作的技术培训和指导,提供艾滋病病毒抗体确证检测、艾滋病病毒感染者和病人的CD_4^+T淋巴细胞检测、病毒载量检测支持,对不具备条件开展艾滋病病毒抗体筛查检测的单位提供免费的筛查检测;协助监管场所开展艾滋病检测实验室质量控制,处理职业暴露;按规定免费提供艾滋病抗病毒治疗和中医药治疗药品,为监管场所的抗病毒治疗和中医药工作提供技术支持;对监管场所艾滋病病毒感染者和病人开展流行病学调查和随访;向监管场所及时提供有关艾滋病防治信息;为监管场所开展艾滋病防治宣传教育、培训提供支持。

第四条 对在监管场所艾滋病防治工作中做出突出成绩和贡献的单位和个人,按照国家有关规定给予表彰。对因执行公务或开展艾滋病防治工作感染艾滋病病毒,以及因此致病、丧失劳动能力或者死亡的工作人员,按照有关规定给予补助、抚恤。

第二章 宣传教育和培训

第五条 监管场所应当坚持预防为主的方针,在监管场所内组织开展艾滋病防治的宣传教育,提倡健康文明的生活方式,营造良好的艾滋病防治氛围。

第六条 监管场所应当将艾滋病防治宣传教育纳入被监管人

员入出监所教育、常规教育的教学计划。被监管人员接受艾滋病防治相关内容的授课时间在入监所教育中不少于5课时，在出监所教育中不少于3课时，在常规教育中不少于10课时。被监管人员在所时间短、无法满足上述课时的，可结合实际适当安排。

第七条　监管场所对被监管人员开展艾滋病防治宣传教育的内容应当包括艾滋病基本知识、危害、流行特点、防治措施以及相关的法律、法规、政策及防治信息等。

第八条　监管场所应当在监所宿舍区、医疗机构、教室、公告栏等显著位置张贴艾滋病防治宣传材料。

监管场所应当向被监管人员发放艾滋病防治宣传读物。

第九条　监管场所应当利用电视、广播、报纸、板报等载体，采用讲座、演讲、知识竞赛、文艺演出、同伴教育、生活技能培训等多种形式，广泛开展艾滋病防治宣传。

第十条　监管场所应当在"12.1"世界艾滋病日、"6.26"国际禁毒日前后开展艾滋病防治主题宣传教育活动。

第十一条　监管场所在开展艾滋病及相关疾病的检测、咨询、诊断和治疗过程中，应当对被监管人员进行相关艾滋病防治宣传教育。

第十二条　监管场所应当组织本单位工作人员学习艾滋病防治的法律、法规、政策和知识，定期开展培训，提高工作人员艾滋病防治意识，增强艾滋病防治能力。

第三章　检测、咨询

第十三条　监管场所应当建立健全艾滋病监测机制，制定艾滋病监测计划和工作方案，加强监管场所艾滋病监测，及时掌握监管场所艾滋病防治情况。

最高人民检察院、公安部、司法部、国家卫生和计划生育委员会关于印发
《监管场所艾滋病防治管理办法》的通知

第十四条 监管场所应当建立健全艾滋病初筛检测机制，对监管期限在三个月以上的被监管人员全员进行艾滋病病毒抗体检测。

对在被监管前，有过卖淫嫖娼、吸毒等行为的被监管人员全部进行艾滋病病毒抗体检测。

被监管人员有下列情形之一的，可以根据需要重新进行艾滋病病毒抗体检测：

（一）撤销假释收监执行的；

（二）暂予监外执行情形消失收监执行的；

（三）所外就医情形消失收回所内执行的；

（四）外出探视回监所的；

（五）其他需要进行检测的情形。

第十五条 监管场所可以根据艾滋病防治工作需要，按照有关规定设置艾滋病检测实验室，经当地卫生计生行政部门验收合格后，开展检测工作。

第十六条 监管场所对被监管人员进行艾滋病病毒抗体初筛检测，应当在其入监所三个月以内完成。

第十七条 监管场所不具备艾滋病病毒抗体初筛检测条件的，被监管人员的艾滋病病毒抗体初筛检测由地方疾病预防控制机构承担，监管场所给予配合。

第十八条 监管场所对艾滋病病毒抗体初筛检测呈阳性的样本，应当按照有关规定及时送当地艾滋病确证实验室进行确证。艾滋病确证实验室应当在收到样本后 10 个工作日以内将确证结果书面反馈给监管场所。

监管场所应当指定专人负责检测样本及结果的报送、获取、

核对、登记和管理。

第十九条 监管场所应当将艾滋病疫情按照规定的程序和时限向地方疾病预防控制机构报告。

监管场所与地方疾病预防控制机构应当建立定期艾滋病预防、检测、治疗信息通报机制。

第二十条 监管场所医务人员或管理人员应当在获知艾滋病确证阳性检测结果之日起30日内，将艾滋病确证阳性检测结果告知被监管人员。被监管人员为无行为能力或限制行为能力的，应当告知其配偶、直系亲属或近亲属。

在向被监管人员告知确证阳性检测结果时，应当提供艾滋病咨询服务和心理疏导，告知艾滋病病毒感染者和病人的权利义务及注意事项。

除按照本条第一款的规定告知外，监管场所应当对艾滋病检测阳性结果保密。

第二十一条 被监管人员在监所间调动、移送时，原监管场所应当将被监管人员的艾滋病检测情况及相关资料移交给接收的监管场所。

第四章　管　　理

第二十二条 监管场所应当根据艾滋病防治工作需要，确定专门监所或在监所内划定专门区域，对艾滋病病毒感染者和病人进行管理、治疗。

第二十三条 监管场所应当依法对艾滋病病毒感染者和病人进行管理，保障其合法权益。对以感染艾滋病病毒为由，抗拒管理、散布不正当言论或威胁管理人员和其他被监管人员的，应当按照有关规定予以惩戒。构成犯罪的，依法追究刑事责任。

最高人民检察院、公安部、司法部、国家卫生和计划生育委员会关于印发
《监管场所艾滋病防治管理办法》的通知

第二十四条 监管场所应当根据艾滋病病毒感染者和病人的特点，采取有针对性的管理教育措施。

第二十五条 监管场所应当加强安全防范，防止被监管人员在监所内发生吸毒等易感染艾滋病危险行为，避免艾滋病在监所内传播。

第二十六条 监管场所应当加强对被监管人员的日常生活管理，规范被监管人员日常行为，做到一人一套生活用品，杜绝共用剃须刀、牙刷等生活用具。

第二十七条 对获准假释、暂予监外执行、探视、所外就医、请假出所的艾滋病病毒感染者和病人，监管场所、居住地社区矫正机构和相关部门应当依法加强管理。

第二十八条 艾滋病病毒感染者和病人在监管场所内死亡的，监管场所应当按有关规定通知检察机关和有关疾病预防控制机构和医疗机构。有关疾病预防控制机构和医疗机构应当对尸体处理进行技术指导。

第五章 治 疗

第二十九条 监管场所医疗机构或承担监管场所医疗职责的医疗机构应当对监所内艾滋病病毒感染者和病人提供艾滋病防治咨询，并做好诊断和治疗工作。

第三十条 监管场所应当加强对监所内艾滋病病毒感染者和病人的日常观察，对病情变化的人员及时安排就医。

第三十一条 监管场所应当对监所内艾滋病病毒感染者和病人定期开展健康检查，并建立健康档案，及时掌握艾滋病病情变化。

第三十二条 监管场所应当定期组织对艾滋病病毒感染者

和病人开展 CD_4^+T 淋巴细胞检测、病毒载量检测。地方疾病预防控制机构应当提供支持。

第三十三条 对监所内符合抗病毒治疗条件的艾滋病病毒感染者和病人，监管场所医疗机构或承担监管场所医疗职责的医疗机构应当在本人知情同意的基础上，与其签订治疗协议，开展抗病毒治疗。鼓励在监管场所开展中医药治疗。

拒绝接受抗病毒治疗或在治疗过程中自愿中断治疗的艾滋病病毒感染者和病人，应当在知情同意书上签字确认。拒绝签字确认或因其他原因无法签字确认的，监管场所医疗机构或承担监管场所医疗职责的医疗机构应当做好记录和证据保存。

第三十四条 监管场所应当对监所内艾滋病病毒感染者和病人进行心理咨询和心理矫治，促进其心理健康。

第三十五条 对病情严重，达到保（所）外就医或变更强制隔离戒毒为社区戒毒条件的艾滋病病人，应当依法办理保（所）外就医或变更强制隔离戒毒为社区戒毒。

对病情严重，但不具备保（所）外就医或强制隔离戒毒变更为社区戒毒条件的艾滋病病人，监管场所可将其送到当地卫生计生行政部门指定的医疗机构进行治疗，监管场所负责安全监管。

第三十六条 对解除监管出所的艾滋病病毒感染者和病人，监管场所应当及时做好转介工作，将有关信息报送监管场所所在地疾病预防控制机构和被监管人员户籍地或居住地疾病预防控制机构。对正在接受抗病毒治疗的病人，由地方艾滋病抗病毒治疗定点医疗机构继续安排抗病毒治疗。

第三十七条 监管场所、被解除监管人员户籍地或居住地的公安机关、司法行政机关、卫生计生行政部门、检察机关等

最高人民检察院、公安部、司法部、国家卫生和计划生育委员会关于印发
《监管场所艾滋病防治管理办法》的通知

部门建立协作工作机制，对解除监管措施时，无家可归、无亲属接纳或亲属无法联系的艾滋病病毒感染者和病人进行有效管理和治疗。

第三十八条　对吸毒的艾滋病病毒感染者和病人，监管场所应当进行必要的戒毒治疗，并开展戒毒药物维持治疗有关政策的宣传教育。对在解除监管时申请参加戒毒药物维持治疗的，监管场所应当做好转介工作。

第三十九条　地方疾病预防控制机构应当及时对监管场所的艾滋病病毒感染者和病人进行流行病学调查和随访，监管场所应当给予配合。

第四十条　监管场所、地方疾病预防控制机构应当建立艾滋病职业暴露处置和管理的工作机制，对监管场所发生的艾滋病职业暴露给予及时处置。

第六章　保障措施

第四十一条　监管场所艾滋病防治工作纳入国家和地方艾滋病防治规划。艾滋病防治经费纳入地方财政预算，中央财政通过转移支付给予适当补助。

第四十二条　监管场所按照艾滋病防治工作的需要合理配备管理人员和医务人员。对从事监管场所艾滋病防治工作的管理人员、医务人员，监管场所应当按照国家规定，采取有效的卫生防护措施和医疗保健措施，并给予适当的津贴。

第四十三条　监管场所应当按有关规定配备艾滋病防治工作需要的相关设施和设备，为医务人员、管理人员和监督人员配备必要的防护用品和设备。

第七章 附则

第四十四条 政府开办的戒毒康复场所的艾滋病防治工作参照本办法执行。

第四十五条 本办法所称"以上"、"以内"含本数。

第四十六条 本办法自印发之日起实施。

公安部关于对涉刑强制隔离戒毒人员剩余强制隔离戒毒期限继续执行有关问题的批复

(公复字〔2016〕1号)

浙江省公安厅：

你厅《关于涉刑强制隔离戒毒人员剩余强制隔离戒毒期限继续执行有关问题的请示》(浙公请〔2015〕293号)收悉。经商司法部同意，现批复如下：

对于强制隔离戒毒期限未满，刑罚执行完毕或者解除强制措施后未能继续送强制隔离戒毒所执行的强制隔离戒毒人员，流散社会后再次被公安机关查获的，应当送原强制隔离戒毒所执行；不便转送的可以就近送公安机关或者司法行政部门管理的强制隔离戒毒所执行，就近接收的强制隔离戒毒所应当将有关情况通知原强制隔离戒毒所和原决定机关并送达继续执行强制隔离戒毒人员登记表（式样附后）。原强制隔离戒毒所或者就近接收的强制隔离戒毒所应当通知监狱、看守所移交强制隔离戒毒决定书和诊断评估手册。剩余强制隔离戒毒期限自查获之日起计算。

强制隔离戒毒人员再次被查获时，发现其有复吸毒品行为的，查获地公安机关应当在继续执行强制隔离戒毒人员登记表中注明,并将相关证据材料附后。

附件:继续执行强制隔离戒毒人员登记表。

公安部
2016 年 2 月 2 日

司法部关于印发《强制隔离戒毒人员教育矫治纲要》的通知

(2014年7月31日司发通〔2014〕75号)

各省、自治区、直辖市司法厅(局),新疆生产建设兵团司法局、监狱管理局:

为进一步规范强制隔离戒毒人员教育矫治工作,提高教育矫治质量,现将《强制隔离戒毒人员教育矫治纲要》印发给你们,请结合本地实际,认真贯彻执行。

为进一步规范强制隔离戒毒人员(以下简称戒毒人员)教育矫治工作,提高教育矫治工作的针对性和有效性,促进教育矫治工作全面发展,根据《中华人民共和国禁毒法》、国务院《戒毒条例》以及《司法行政机关强制隔离戒毒工作规定》,结合工作实际,制定本纲要。

一、教育矫治工作目标和基本原则

(一)教育矫治工作目标。通过综合运用各种教育矫治方法和手段,帮助戒毒人员认清毒品危害,树立法制观念,提升道德情操和文化素养,改善不良心理,掌握就业谋生技能,增强社会适应能力,戒除毒瘾,成功融入社会。

(二)教育矫治工作基本原则。坚持以人为本的原则。立足戒毒人员的戒毒需要,科学安排教育内容,选择有针对性的教育方法，给予戒毒人员人文关怀和必要的社会救助，营造尊重、信任、互助的人文矫治氛围，充分调动戒毒人员自觉、主动参与教育矫治的主体意识。

坚持因人施教的原则。根据戒毒人员的认知规律、生理、心理和行为特点，确定个性化的教育矫治方案，帮助个体戒除毒瘾，实现不同程度的改变和成长。

坚持综合矫治的原则。遵循教育矫治工作的客观规律，充分运用管理、生产劳动等手段的教育矫治功能，使场所各类教育活动形成合力，提高综合矫治能力。

坚持面向社会的原则。充分利用社会资源优势，全面提升戒毒所教育矫治工作水平，做好解除强制隔离戒毒人员的后续帮扶工作。

坚持科学创新的原则。根据戒毒工作发展的需要，研究教育矫治工作中的新问题，探索新方法，不断实现教育矫治工作的理论创新、机制创新和方法创新。

二、教育矫治内容

（一）入所教育。对新收治戒毒人员进行入所教育，帮助他们尽快熟悉场所环境，适应戒毒所生活。入所教育在完成生理脱毒后进行，时间不少于1个月。

开展戒毒法律法规、所规所纪教育。学习《中华人民共和国禁毒法》、《戒毒条例》以及《司法行政机关强制隔离戒毒工作规定》、《强制隔离戒毒人员守则》，学习强制隔离戒毒所所规所纪。帮助戒毒人员了解强制隔离戒毒工作的性质、目的、内容、法律效力以及在所期间的权利义务，明确矫治目标和方向。

开展卫生知识教育。组织戒毒人员学习肝炎、艾滋病、性病等传染病预防知识,学习所内集体生活所需要的卫生常识,帮助戒毒人员养成良好的卫生习惯。

开展行为养成教育。组织队列训练,开展内务卫生和所内文明礼仪习惯养成教育,增强戒毒人员组织纪律观念、集体观念,培养自觉遵守文明礼仪的意识和习惯。

(二)法律常识教育。组织戒毒人员学习刑法、治安管理处罚法、劳动法、合同法、婚姻法、继承法、社会保障法等与戒毒人员生活息息相关的法律法规,帮助戒毒人员了解相关法律知识,树立法制观念,自觉遵纪守法。

(三)思想道德教育。把社会主义核心价值观和《公民道德建设实施纲要》教育贯穿始终,强化社会公德、职业道德和家庭美德教育,弘扬民族精神和时代精神,帮助戒毒人员确立正确的世界观、人生观和价值观,引导他们自觉抵制拜金主义、享乐主义和极端个人主义,提倡文明礼貌、助人为乐、诚实守信、尊老爱幼、艰苦奋斗的社会主义风尚。

(四)戒毒常识教育。传授禁毒戒毒基本知识,帮助戒毒人员了解毒品的特性和危害,了解我国的戒毒体系、戒毒基本流程,树立戒毒信心,提高参与戒毒的自觉性和主动性。

(五)心理健康教育。组织戒毒人员学习心理健康基本知识,了解场所心理咨询工作的基本流程,帮助戒毒人员分析吸毒的心理根源,掌握调控情绪的方法,改变错误认知,学会正确归因,提高应对压力和挫折的能力,学会与人沟通,建立和谐的人际关系。

(六)文化素质教育。举办文学、历史、音乐、书法、绘画、科技知识等讲座,以优秀传统文化和现代文化提高戒毒人员文化素养，激发生活热情，树立健康生活态度。鼓励戒毒人员参加电大、函授、高等教育自学考试。

（七）戒毒康复训练。对戒毒人员进行戒毒康复训练，帮助戒毒人员学会戒毒康复项目的相关知识，掌握生理和心理康复的具体方法。

开展戒毒康复教育。介绍戒毒康复项目和要求，传授增强戒毒意愿、修复个性缺陷、恢复正常社会情感、拒绝毒品的知识和方法，为开展戒毒康复训练奠定基础。

开展体能康复训练。借鉴医学和运动生理学理论、方法和技术，将运动康复运用到戒治过程中。开展适合戒毒人员身体状况的恢复性训练、体能训练。选择广播体操、健身操、器械训练等常用健身项目，帮助戒毒人员掌握锻炼方法，养成锻炼习惯。

开展心理康复训练。对戒毒人员进行情绪管理、意志力训练、个性修复、情感重建、人际交往、抗复吸训练、拓展训练等专题团体心理辅导，帮助戒毒人员增强抵抗诱惑的意志品质，客观认识个性缺陷与吸毒的关系，引导戒毒人员通过自我体验和自我反省，塑造积极人格，增强拒毒能力，强化戒毒效果。

（八）劳动教育和职业技能培训。组织戒毒人员进行生产劳动，充分发挥劳动的教育矫治功能，帮助戒毒人员树立正确的劳动态度，改变好逸恶劳的思想和习惯。开展职业技能培训，使戒毒人员掌握一定的职业技能。

开展安全生产知识教育。组织戒毒人员学习安全生产法规、安全生产常识、劳动保护知识，提高戒毒人员安全生产意识，树立劳动观念，养成劳动习惯，掌握劳动技能。

开展职业技能培训。落实国家禁毒办等11个部门联合下发的《关于加强戒毒康复人员就业扶持和救助服务工作的意见》（禁毒办通〔2014〕30号），将戒毒人员职业技能培训纳入当地职业技能培训总体规划，根据戒毒人员的特点和社会需求设置职业技能培训项目，帮助戒毒人员考取职业技能资格或等级证书，为就业创造条件。

（九）回归社会教育。对即将出所的戒毒人员进行回归社会教育，帮助他们了解社会形势，做好回归社会的准备。回归社会教育时间不少于一周。

开展形势政策宣传教育。帮助戒毒人员了解国家和社会发展新形势，了解人们生活方式和价值观念的新变化，了解当地市政交通、衣食住行等方面的重大变化，了解出所后办理相关手续的方法。

帮助戒毒人员重建社会支持系统。教育引导戒毒人员建立健康的朋友圈、正确处理与家庭成员的关系、积极参与社会交往。

开展后续照管政策宣传教育。向戒毒人员介绍就业形势和政策，帮助戒毒人员合理选择就业岗位；向戒毒人员介绍戒毒康复、社区康复的机构和流程，动员解除强制隔离戒毒人员到戒毒康复场所体验戒毒生活，帮助戒毒人员了解美沙酮维持治疗等社会公益项目的参与方法，使他们出所后能够及时寻求支持和帮助。

三、教育矫治方法

（一）发挥课堂教学功效。完善教材体系。以司法部统编教材为主，各地要结合自身实际自编辅助教材，进一步丰富和深化基础课程内容,体现当地特色。

规范课堂教学。课堂教学是系统学习知识,改善认知结构的有效方式。要开设法律常识(30课时)、思想道德(30课时)、心理健康(30课时)、文化素质(20课时)、戒毒常识(30课时)5门课程(共140课时)。课堂教学原则上实行小班教学,每班不超过50人。

改善教学方法。提倡启发式、互动式教学,采用案例讲解、课堂讨论等方式,充分调动戒毒人员参与热情。利用现代化教学媒体,通过网络、数字化点播等手段,直观、形象地展示教学内容,提高教学效果。

(二)提高个案化教育水平。制定个案化教育矫治方案。入所初期,进行一次个性化分析诊断,由大(中)队民警和心理咨询师,参照心理测评结果、个人成长史、现实表现等情况和诊断评估标准,逐人制定个案化教育矫治方案,运用多种手段开展教育矫治工作,做好跟踪管理;在强制隔离戒毒中期,从戒毒人员法制观念、道德水平、文化素质、心理、生理健康状况等方面,对教育效果进行评价,根据需要调整教育矫治方案,提高个别教育的针对性;在解除强制隔离戒毒前,对每名戒毒人员进行综合评估。

突出个别谈话方式。强制隔离戒毒所大(中)队民警对每名戒毒人员每两个月要至少安排一次个别谈话。对新入所和变更大(中)队的、因违法违纪受到处分的、外出探视前后或者家庭发生变故的、长时间无人探访或者家人不与其联系的、情绪和行为明显异常的、变更执行方式、所外就医、延长或临近解除强制隔离戒毒的,应当及时进行个别谈话。

（三）突出心理咨询的特殊作用。广泛进行心理测评。由专职心理咨询师对戒毒人员的情绪状态、环境适应情况、人格特质等作出入所评估，逐人建立心理档案，筛查有心理问题人员。

定期举办心理咨询服务。以当面咨询或者书信、电话、网络等多种形式，为戒毒人员提供心理咨询服务，帮助解决心理问题。

及时进行心理危机干预。对心理状态严重异常、遭受家庭、婚姻等重大突发事件心理严重失衡的、长期处于抑郁焦虑和自我封闭状态的、有逃跑、行凶、自伤自残等危险倾向的戒毒人员及时实施心理危机干预。

（四）发挥场所文化建设的教育矫治功能。培育场所戒毒文化环境。围绕戒毒文化主题，统筹规划，精心布置，在设施建设、环境营造中集中体现戒毒工作理念和特色。设置鼓励、引导、关怀和与禁毒内容相关的标识，突出整洁优美、和谐有序、活泼向上的氛围，充分发挥环境育人的功能。

构筑场所戒毒文化阵地。建立所内广播、自办报刊、宣传栏、局域网等宣传教育阵地，宣传国家戒毒政策、报道场所戒毒生活。

创新场所戒毒文化活动形式。定期举办"文化月"、"文化节"，利用"6·26"禁毒日开展专题教育活动，组织文艺表演、演讲、书画、摄影、歌咏比赛、读书征文、体育比赛等文化活动。

打造场所戒毒文化精品。结合本地文化特点，培育具有自身特色的文化品牌，形成"一所一品牌、一队一特色"的戒毒文化特色。

（五）实现教育矫治工作的社会化。发挥社会资源在教育矫治工作中的重要作用。探索教研合作、购买服务、资源共享等多种合作途径，充分发挥社会资源优势，促进强制隔离戒毒工作与社会进一步融合。

搭建社会帮教平台。建立一支稳定的社会帮教志愿者队伍，定期来所开展帮教；建立一个与党、政、军、工、青、妇、团等社会各界共建的帮教基地，定期开展交流活动；每年至少组织一次场所民警或者戒毒人员到社会上进行戒毒公益宣传活动。

开展后续帮扶。落实《关于加强戒毒康复人员就业扶持和救助服务工作的意见》，协助做好解除强制隔离戒毒人员关怀救助工作；鼓励在街道、社区建立后续照管站和戒毒工作指导站，帮助完成社区戒毒和社区康复工作；建立戒治质量考查机制，通过跟踪回访、第三方评估等方式，考查场所戒治质量。

四、教育矫治工作的组织实施

（一）加强对教育矫治工作的领导。各省（区、市）戒毒局以及强制隔离戒毒所的主要负责人是教育矫治工作的第一责任人，对教育矫治工作负总责。分管领导对教育矫治工作负主要责任。要把教育矫治工作的各项任务分解落实到具体部门和民警，实行层级责任目标管理，使教育矫治工作职能更加明确、责任更加清晰，不断增强各级领导干部和广大民警做好教育矫治工作的责任感。要把教育矫治工作作为评价各级司法行政戒毒机关工作成效的重要内容，定期进行考评，将考评结果作为评价领导班子和民警业绩的重要内容。

（二）强化教育矫治队伍专业化建设。强制隔离戒毒所应当按照不低于收治人数1%的比例配备专职教师，收治人数低于

500人的场所,应至少配备5名专职教师,负责课堂教学、康复训练和专题教育。按照不低于0.6%的比例配备专职心理咨询师,为有需要的戒毒人员提供个体心理咨询服务。要把民警队伍的专业化建设作为一项长期的重要战略任务,努力提高队伍的专业水平和专业素质。通过开展经验交流、示范培训等多种形式提高个案矫治水平,提升个案矫治能力,打造一支个别教育能手队伍;通过改善专业知识结构,加快专业人员引进和培养,打造一支心理矫治专家队伍;通过开展教学观摩、集体备课等活动形式,不断提高教学水平,打造一支专职教师队伍。定期组织开展优秀教师、个别教育能手、优秀心理咨询师评选活动。

(三)配备完善的教育矫治设施设备。强制隔离戒毒所应当设置与收治人数相适应的教学、文体活动、图书阅览、职业技能培训等功能用房,配备齐全的电化教学设施和教学网络。应当设置心理矫治中心和身体康复训练中心,配备满足开展康复训练需要的设施和设备。发挥科技在教育戒治中的重要作用,努力提高教育矫治的科技含量。利用现有的信息技术条件,收集、运用、管理教育矫治信息,并充分交流和共享这些信息,提升信息化应用水平。

(四)落实教育矫治经费。按照财政部、司法部《强制隔离戒毒所基本支出经费标准》规定要求,制订本地教育经费标准,确保教育矫治工作经费保障足额到位,做到专款专用,为教育矫治工作开展提供良好条件。

司法部关于司法行政强制隔离戒毒所所务公开工作的指导意见

(2014年10月14日司发通〔2014〕118号)

各省、自治区、直辖市司法厅（局），新疆生产建设兵团司法局：

为切实做好司法行政强制隔离戒毒所所务公开（以下简称所务公开）工作，深入推进司法行政强制隔离戒毒所公正文明廉洁执法，不断提高执法能力、执法水平和执法公信力，根据《中华人民共和国禁毒法》、《戒毒条例》和《中华人民共和国政府信息公开条例》等有关法律法规，结合司法行政强制隔离戒毒工作实际，提出如下意见：

一、充分认识所务公开的重要意义

所务公开是司法行政强制隔离戒毒所向强制隔离戒毒人员（以下简称戒毒人员）及其亲属、社会公众公开执法依据、执法程序和执法结果，并接受社会监督的活动，也是司法行政机关政务公开的重要内容。近年来，党中央、国务院高度重视政务公开工作。党的十八大报告提出，要"推进权力运行公开化、规范化，完善党务公开、政务公开、司法公开和各领域办事公开制度"。党的十八届三中全会决定提出，要"完善党务、政务和各领域办事公开制度，推进决策公开、管理公开、服务公开、结果公开"。司法部十分重视所务公开工作，多次就所务公开工

司法部关于司法行政强制隔离戒毒所所务公开工作的指导意见

作提出要求,全国司法行政戒毒工作会议明确提出,要深入推进所务公开,实行阳光操作。近年来所务公开工作取得的成效和经验也表明,开展所务公开工作,对保障戒毒人员的合法权益、提高场所执法规范化水平发挥了积极的促进作用。切实做好所务公开工作,是贯彻落实党中央、国务院关于政务公开一系列工作部署的迫切需要,是进一步规范执法行为、不断提高戒毒工作水平的迫切需要,是完善执法公开、建设法治中国的迫切需要。

二、所务公开的指导思想和基本原则

(一)指导思想

所务公开要认真贯彻落实党的十八大和十八届三中全会精神,深入贯彻落实习近平总书记系列重要讲话精神和对司法行政工作的重要指示,以有关法律法规和规章制度为依据,以戒毒人员及其亲属、社会公众关注的涉及戒毒人员切身利益的执法问题为重点,及时、准确地公开有关信息,自觉接受监督,不断提高司法行政戒毒机关人民警察的执法水平,充分调动戒毒人员接受戒治的积极性和主动性,切实保障戒毒人员合法权益,不断提高戒毒工作水平。

(二)基本原则

1. 严格依法原则。要严格按照有关法律法规规定的内容和程序,向戒毒人员及其亲属、社会公众公开相关执法信息。

2. 真实客观原则。要按照公开为原则、不公开为例外的要求,除涉及国家秘密、工作秘密和戒毒人员戒毒的个人信息,以及公开后可能妨害正常执法活动的信息外,应真实准确、客观公正地公开相关执法信息。

3. 及时便民原则。对应该公开的事项，采用方便、快捷的方式及时公开，使戒毒人员及其亲属、社会公众方便及时地获得公开信息。

三、所务公开的主要内容

司法行政强制隔离戒毒所应当公开以下内容：

（一）关于强制隔离戒毒工作的法律法规和规章；

（二）强制隔离戒毒诊断评估的规定及诊断评估结果；

（三）强制隔离戒毒戒治流程；

（四）戒毒人员行为规范、戒毒人员守则和一日生活制度；

（五）戒毒人员分别、分期、分级管理的规定；

（六）戒毒人员治疗康复的规定；

（七）戒毒人员教育矫治的规定；

（八）戒毒人员通信、探访的规定；

（九）戒毒人员外出探视的规定；

（十）戒毒人员所外就医、变更戒毒措施的规定；

（十一）对戒毒人员使用警械和采取保护性约束措施及单独管理的规定；

（十二）对戒毒人员采取惩戒措施的规定；

（十三）对戒毒人员脱逃和自伤自残处理的规定；

（十四）戒毒人员参加职业技能培训和生产劳动的规定；

（十五）戒毒人员生活卫生管理的规定；

（十六）戒毒人员财物保管的规定；

（十七）戒毒人员个人伙食费、被服费、医疗费的使用情况；

（十八）戒毒人员申诉、检举、揭发、控告处理的规定；

（十九）提前解除强制隔离戒毒或延长强制隔离戒毒期限的

司法部关于司法行政强制隔离戒毒所所务公开工作的指导意见

规定；

（二十）解除强制隔离戒毒的规定；

（二十一）司法行政强制隔离戒毒所人民警察纪律要求和执法责任；

（二十二）对司法行政强制隔离戒毒所及其人民警察执法管理工作进行监督的规定；

（二十三）需要公开的其他事项。

上述内容，有关执法的依据、程序均应向戒毒人员及其亲属、社会公众公开；执法结果一般只在所内公开，或者仅向当事人及其近亲属予以告知、提供查询服务。

除上述公开事项外，对于公民、法人或其他组织根据自身生产、生活、科研等特殊需要，提出的获得相关信息申请，司法行政强制隔离戒毒所应当依法予以办理，不能确定申请公开事项是否可以公开时，应当依据法律、法规和国家有关规定报请有关主管部门或同级保密部门确定。

对于涉及国家秘密、工作秘密和戒毒人员戒毒的个人信息不予公开。

四、健全完善所务公开工作方式方法

司法行政机关要切实加强所务公开制度建设，规范公开范围，细化公开内容，拓宽公开渠道，创新公开方法。要制作印发《所务公开手册》，使新入所戒毒人员、来所探访的亲属及来所考察的社会各界人士能够便捷获阅。要丰富拓展所内公告明示途径，通过设立所务公开栏，运用所内报刊、所区广播、电子显示屏、闭路电视、局域网等，在戒毒人员学习区、生活区、医疗康复区、生产劳动区、探访室等区域公告所务公开的内容。

要认真开展所务咨询，开通并公布所务公开咨询电话，建立健全所领导接待日制度，逐步开发网上咨询功能，及时接待有关咨询来访。要加强所务公开信息平台建设，设置所务公开触摸屏，实现戒毒人员及其亲属对戒毒人员有关戒治信息的自助查询。要切实发挥新闻媒体作用，充分利用报刊、电台、电视等传统媒体，探索运用互联网、手机短信平台、微博、微信等新兴媒体，向社会各界公开有关信息。

五、畅通所务公开工作监督途径

要进一步畅通监督渠道，在加强内部监督的同时，司法行政强制隔离戒毒所要自觉接受人大、政协和人民检察院等机构的监督，接受舆论和公众的监督，进一步提高所务公开工作的透明度。要健全完善执法监督员制度，在党政机关、社会团体、人大代表、政协委员、知名人士和强制隔离戒毒所离退休干部等人员中聘请执法监督员，定期检查监督司法行政强制隔离戒毒所的所务公开工作。要设立并公布监督举报电话，在所内适当区域设置举报箱，健全完善网络举报途径。与此同时，有条件的单位在确保场所安全稳定的前提下，严格按照有关程序报批后，可以适当组织戒毒人员亲属和社会各界人士到所内参观考察。

六、切实加强所务公开工作的领导

各级司法行政机关要统一思想，提高认识，采取有力措施，切实加强对所务公开工作的领导，保证所务公开工作健康发展。

（一）加强组织领导。各省（区、市）司法厅（局）要高度重视所务公开工作，把所务公开工作列入重要议事日程，切实加大宣传教育、组织协调、检查指导力度。要把所务公开工作作为警务督察的重要内容，适时开展所务公开工作专项督察。要建立健全所务公开信息发布保密审查机制，明确审查的程序和责任，严防失泄密现象发生。要建立健全有关工作制度和工作机制，把所务公开工作成效作为考核单位和领导班子工作业绩的重要内容。各地司法厅（局）每年要对所务公开情况进行总结，形成所务公开工作年度报告，报告司法部。

（二）加强调查研究。各级司法行政机关特别是领导干部，要坚持法治思维和问题导向，经常深入基层、深入一线，开展调查研究，了解掌握所务公开工作中存在的困难和问题，研究解决问题的思路和办法，总结推广好的做法和经验，努力健全完善制度体系和运行机制，不断提高所务公开工作质量和水平。

（三）加强宣传引导。要从推进司法行政戒毒工作科学发展的高度，广泛宣传所务公开工作成效和经验，把所务公开工作作为宣传司法行政戒毒工作的有效载体，努力营造良好的舆论氛围。要加强对广大人民警察教育引导，着力提高执法能力和执法水平，切实增强做好所务公开工作的积极性和主动性。

各省（区、市）司法厅（局）及新疆生产建设兵团司法局要根据本意见，研究制定具体实施办法，并抓好组织实施工作。

人力资源社会保障部办公厅、国家禁毒委办公室、公安部办公厅、民政部办公厅、司法部办公厅关于做好戒毒康复人员就业和社会保障工作的通知

各省、自治区、直辖市及新疆生产建设兵团人力资源社会保障厅（局）、禁毒办、公安厅（局）、民政厅（局）、司法厅（局）：

为深入落实《中共中央、国务院关于加强禁毒工作的意见》（中发【2014】6号），按照《中共中央办公厅、国务院办公厅印发〈贯彻落实《中共中央、国务院关于加强禁毒工作的意见》重要政策措施分工方案〉的通知》（中办发【2014】49号）要求，进一步做好戒毒康复人员就业和社会保障工作，巩固禁吸戒毒工作成效，促进戒毒康复人员回归社会，现就有关事项通知如下：

一、充分认识做好戒毒康复人员就业和社会保障工作的重要性。戒毒康复人员是一个特殊群体，做好他们的就业和社会保障工作，对于减少毒品社会危害、维护社会治安、构建和谐社会具有重要意义。各地要从大局出发，提高认识，增强做好戒毒康复人员就业和社会保障工作的责任感和主动性，采取有效措施，加大工作力度，拓宽就业渠道，加强技能培训，做好社会保障和社会救助工作，积极帮助他们解决生活和就业中的

人力资源社会保障部办公厅、国家禁毒委办公室、公安部办公厅、民政部办公厅、司法部办公厅关于做好戒毒康复人员就业和社会保障工作的通知

困难，提升他们回归社会的信心和融入社会的能力，为加快建成小康社会营造良好社会环境。

二、加强对戒毒康复人员的就业服务和援助。公安机关、司法行政部门要做好本系统登记或收治戒毒人员生活就业状况、就业意愿的登记录入工作，对戒毒人员进行政策宣传，引导其中有就业意愿和就业能力、处于无业状态的康复人员到公共就业服务机构进行失业登记和求职登记。人力资源社会保障部门公共就业服务机构要及时为符合条件的戒毒康复人员进行失业登记，发放《就业创业证》，有针对性地提供政策咨询、岗位信息、职业指导和职业介绍等服务。有条件的地方可结合实际适当放宽戒毒康复人员就业困难人员认定条件，对符合条件的戒毒康复人员及时提供就业援助。

三、着力提高戒毒康复人员就业能力。各地要充分发挥各类职业培训机构作用，组织有培训意愿的戒毒康复人员参加职业技能培训或创业培训，帮助戒毒康复人员提高就业技能。鼓励和支持集中安置戒毒康复人员的企业和戒毒康复场所建立技能培训基地。对参加技能培训的符合相关条件的戒毒康复人员，按规定落实培训补贴；对通过初次职业技能鉴定并取得职业资格证书的符合相关条件的戒毒康复人员，按规定给予一次性职业技能鉴定补贴。

四、促进戒毒康复人员多渠道就业。各地要充分调动政府部门、企业、社会组织等各方面的积极性，充分运用各项就业创业扶持政策，广泛动员社会各界为戒毒康复人员提供就业创业机会。加强与有社会责任感的企业合作，倡导和鼓励企业吸纳戒毒康复人员就业，有条件的地方可以企业为依托，建立企

业就业安置基地，集中安置戒毒康复人员就业。鼓励和支持戒毒康复人员通过兴办企业、个体经营等形式实现创业、自谋职业、灵活就业。对吸纳戒毒康复人员就业的企业，以及实现创业、灵活就业的戒毒康复人员，按规定落实信贷支持、税费减免、社会保险补贴、岗位补贴等扶持政策。对纳入当地就业援助对象范围的戒毒康复人员，可通过辖区内公益性岗位安置就业，并按规定落实社会保险补贴和岗位补贴。

五、切实落实社会保险政策。各地要结合实际，认真落实和完善戒毒康复人员参加社会保险的各项政策措施。戒毒康复人员中已实现就业的，应按规定参加各类社会保险；未就业的，可参加城乡居民基本养老保险、城镇居民基本医疗保险和新型农村合作医疗。对符合城乡医疗救助条件的戒毒康复人员参加城镇居民基本医疗保险或新型农村合作医疗的个人缴费部门予以补贴。有关戒毒药物可按规定和程序纳入基本医保药品目录。要及时研究解决把戒毒康复人员纳入社会保险过程中出现的新情况、新问题，确保政策制度全覆盖。

六、加强社会保险经办服务。各级社会保险经办机构要切实做好社会保险登记、个人权益记录、保险关系转移接续、待遇发放等工作，为戒毒康复人员提供及时、便捷的服务。要充分发挥街道、社区基层工作平台的功能作用，实现经办流程无障碍，管理服务人性化，力争使符合条件的戒毒康复人员都能及时、顺畅参加社会保险，充分享有社会保障基本权利。

七、加强组织领导。做好戒毒康复人员就业和社会保障工作是一项负责的系统工程。各地人力资源社会保障部门、禁毒工作部门、公安部门、民政部门、司法行政部门要加大宣传力人力资源社会保障部办公厅、国家禁毒委办公室、公安部办公厅、民政部办公厅、司法部办公厅关于做好戒毒康复人员就业和社会保障工作的通知

度,营造全社会关心支持戒毒康复事业的舆论氛围,充分发挥各自职能优势,通力协作、密切配合,建立健全沟通协调机制,形成工作合力,共同促进戒毒康复人员回归社会。

人力资源社会保障部办公厅
国家禁毒委办公室
公安部办公厅
民政部办公厅
2015 年 7 月 14 日

公安部、司法部、国家卫生和计划生育委员会关于印发《强制隔离戒毒诊断评估办法》的通知

(公通字〔2013〕32号)

各省、自治区、直辖市公安厅、局,司法厅、局,卫生厅局(卫生计生委),新疆生产建设兵团公安局、司法局、卫生局:

为认真贯彻落实《禁毒法》、《戒毒条例》,进一步规范强制隔离戒毒诊断评估工作,切实保障戒毒人员合法权益,公安部、司法部、国家卫生计生委共同制定了《强制隔离戒毒诊断评估办法》,现印发给你们,请遵照执行。

公安部
司法部
国家卫生计生委
2013年9月2日

强制隔离戒毒诊断评估办法

第一章 总 则

第一条 为规范强制隔离戒毒诊断评估工作,科学评价戒毒效果,帮助强制隔离戒毒人员(以下简称戒毒人员)戒除毒

公安部、司法部、国家卫生和计划生育委员会关于印发《强制隔离戒毒诊断评估办法》的通知

瘾，有效保障戒毒人员合法权益，根据《中华人民共和国禁毒法》、《戒毒条例》以及相关规定，制定本办法。

第二条　本办法所称强制隔离戒毒诊断评估，是指强制隔离戒毒所对戒毒人员在强制隔离戒毒期间的生理脱毒、身心康复、行为表现、社会环境与适应能力等情况进行综合考核、客观评价。

第三条　强制隔离戒毒诊断评估结果，是强制隔离戒毒所对戒毒人员按期解除强制隔离戒毒、提出提前解除强制隔离戒毒或者延长强制隔离戒毒期限意见以及责令社区康复建议的直接依据。

第四条　强制隔离戒毒诊断评估应当坚持依法、科学、公正、公开的原则。

第五条　县级以上人民政府公安机关、司法行政部门、卫生计生行政部门应当在各自职责范围内对强制隔离戒毒诊断评估工作进行监督和指导。

公安机关和司法行政部门应当分别设立强制隔离戒毒诊断评估工作指导委员会，负责指导、监督所辖强制隔离戒毒所的诊断评估工作。

卫生计生行政部门应当对诊断评估中的生理脱毒、身心康复评估工作进行指导，必要时可以指派专业医师参与诊断评估工作。

第二章　诊断评估内容和标准

第六条　诊断评估内容包括生理脱毒评估、身心康复评估、行为表现评估、社会环境与适应能力评估。

生理脱毒评估、身心康复评估、行为表现评估结果分为

"合格"、"不合格"两类；社会环境与适应能力评估结果分为"良好"和"一般"两类。

第七条 戒毒人员生理脱毒评估标准：

（一）毒品检测结果呈阴性；

（二）停止使用控制或者缓解戒断症状的药物；

（三）急性戒断症状完全消除；

（四）未出现明显稽延性戒断症状；

（五）未出现因吸毒导致的明显精神症状或者原有精神障碍得到有效控制。

诊断评估时，戒毒人员同时达到上述五项，生理脱毒评估为"合格"，否则为"不合格"。

第八条 戒毒人员身心康复评估标准：

（一）身体相关机能有所改善；

（二）体能测试有所提高；

（三）戒毒动机明确，信心增强，掌握防止复吸的方法；

（四）未出现严重心理问题或者精神症状；

（五）有改善与家庭、社会关系的愿望和行动。

诊断评估时，戒毒人员同时达到上述五项，身心康复评估为"合格"，否则为"不合格"。

第九条 戒毒人员行为表现评估标准：

（一）服从管理教育，遵守所规所纪；

（二）接受戒毒治疗，参加康复训练；

（三）参加教育矫治活动；

（四）参加康复劳动；

（五）坦白、检举违法犯罪活动。

公安部、司法部、国家卫生和计划生育委员会关于印发《强制隔离戒毒诊断评估办法》的通知

对戒毒人员的行为表现，强制隔离戒毒所应当将上述考核内容分解量化，采取日积累、月考评、逐月累计的计分形式进行动态考核，达到规定分数的为"合格"，否则为"不合格"。

第十条 戒毒人员社会环境与适应能力评估标准：

（一）与有关部门签订社会帮教协议或者有明确意向；

（二）家属或者所在社区支持配合其戒毒；

（三）有主动接受社会监督和援助的意愿；

（四）掌握一定的就业谋生技能；

（五）有稳定的生活来源或者固定居所。

诊断评估时，戒毒人员同时具备上述三项以上的，社会环境与适应能力评估为"良好"，否则为"一般"。

第十一条 对生理脱毒评估、身心康复评估、行为表现评估均达到"合格"，社会环境与适用能力评估结果为"良好"的，强制隔离戒毒所可以提出提前解除强制隔离戒毒的意见。

第十二条 对被二次以上强制隔离戒毒的，应当从严控制提前解除强制隔离戒毒的期限。

第十三条 对具有下列情形之一的戒毒人员，不得提出提前解除强制隔离戒毒的意见：

（一）拒不交代真实身份和住址的；

（二）脱逃被追回或者有自伤自残行为的；

（三）所外就医、探视、请假外出等期间或者回所时毒品检测结果呈阳性或者拒绝接受毒品检测的；

（四）被责令接受社区康复的人员拒绝接受社区康复或者严重违反社区康复协议，因再次吸食、注射毒品被决定强制隔离戒毒的；

（五）其他不宜提前解除强制隔离戒毒的。

第十四条 对强制隔离戒毒所提出提前解除强制隔离戒毒的意见后戒毒人员有脱逃、自伤自残或者殴打其他戒毒人员等严重违反所规所纪行为的，强制隔离戒毒所应当撤回提前解除强制隔离戒毒的意见。强制隔离戒毒决定机关已批准的，强制隔离戒毒所应当建议强制隔离戒毒决定机关撤销该决定。

第十五条 强制隔离戒毒期满前，强制隔离戒毒所应当对戒毒人员进行综合诊断评估。

对生理脱毒、身心康复、行为表现评估结果均达到"合格"的戒毒人员，强制隔离戒毒所应当按期解除强制隔离戒毒；对生理脱毒、身心康复评估结果中有一项以上为"不合格"的，强制隔离戒毒所可以提出延长强制隔离戒毒期限三至六个月的意见；对行为表现评估结果尚未达到"合格"的，强制隔离戒毒所根据其情况，可以提出延长强制隔离戒毒期限的意见，延长时间不得超过十二个月。

第十六条 强制隔离戒毒所对解除强制隔离戒毒的人员，可以根据其综合诊断评估情况提出对其责令社区康复的建议。

对社会环境与适应能力评估结果为"一般"的，强制隔离戒毒所应当提出对其责令社区康复的建议。

第十七条 戒毒人员在强制隔离戒毒期间被依法收监执行刑罚、采取强制性教育措施或者被依法拘留、逮捕执行完毕后，因强制隔离戒毒尚未期满继续执行强制隔离戒毒的，该期间的行为表现由相应的羁押场所作出评估，并随戒毒人员移交强制隔离戒毒所。

公安部、司法部、国家卫生和计划生育委员会关于印发《强制隔离戒毒诊断评估办法》的通知

第三章 诊断评估程序

第十八条 戒毒人员入所七天内,强制隔离戒毒所应当为其建立诊断评估手册,记载其生理脱毒、身心康复、行为表现、社会环境与适应能力等情况,作为诊断评估依据。

第十九条 公安机关强制隔离戒毒所向司法行政部门强制隔离戒毒所移交戒毒人员时,应当同时移交戒毒人员诊断评估手册。

司法行政部门强制隔离戒毒所接收公安机关强制隔离戒毒所移交的戒毒人员后,对其后续的戒毒情况应当继续在公安机关移交的戒毒人员诊断评估手册上进行记载。

第二十条 强制隔离戒毒所应当成立由管理、教育、医疗等多岗位工作人员参加的诊断评估办公室。

强制隔离戒毒所可以邀请政府有关部门工作人员、社会工作者以及本所外的执业医师参加诊断评估工作。

第二十一条 执行强制隔离戒毒三个月后,强制隔离戒毒所应当参照生理脱毒评估标准对戒毒人员生理脱毒情况进行阶段性评价,评价结果应当作为一年后和期满前生理脱毒诊断评估的重要依据。

第二十二条 执行强制隔离戒毒一年后,强制隔离戒毒所应当对戒毒人员进行综合诊断评估。

强制隔离戒毒所诊断评估办公室应当采取查阅戒毒人员诊断评估材料、与戒毒人员谈话、进行相关测试和社会调查等方式开展诊断评估工作,形成诊断评估结果。

第二十三条 强制隔离戒毒所应当将诊断评估结果向戒毒人员公示三日以上。戒毒人员本人或者他人向强制隔离戒毒所

提出异议的，诊断评估办公室应当给予解释或者答复。对解释或者答复仍有异议的，七日内可以向强制隔离戒毒所所属机关的强制隔离戒毒诊断评估指导委员会提出复核要求。

第二十四条　诊断评估结果经公示并按有关规定审核后，强制隔离戒毒所提出提前解除强制隔离戒毒或者延长强制隔离戒毒期限意见的，应当向强制隔离戒毒决定机关提交以下材料：

（一）提前解除强制隔离戒毒或者延长强制隔离戒毒期限的意见书；

（二）强制隔离戒毒决定书的复印件；

（三）其他需要移送的材料。

第二十五条　强制隔离戒毒决定机关应当自收到提前解除强制隔离戒毒、延长强制隔离戒毒期限的意见之日起七日内，作出是否批准的决定，于作出决定后七日内将决定书送达被决定人，并通知强制隔离戒毒所。

对不批准提前解除强制隔离戒毒或者延长强制隔离戒毒期限的，强制隔离戒毒决定机关应当作出书面说明，并在七日内通知强制隔离戒毒所。

第四章　附　　则

第二十六条　本办法所称"以上"、"内"，包括本数。

第二十七条　各省、自治区、直辖市和新疆生产建设兵团公安机关、司法行政部门、卫生计生行政部门根据本办法并结合本地实际，可以制定实施细则，报公安部、司法部、国家卫生计生委备案。

第二十八条　本办法自印发之日起施行。

司法部关于印发《司法行政强制隔离戒毒所强制隔离戒毒人员行为规范》的通知

(2014年11月24日 司发通〔2014〕136号)

各省、自治区、直辖市司法厅（局），新疆生产建设兵团司法局：

《司法行政强制隔离戒毒所强制隔离戒毒人员行为规范》已经2014年11月20日司法部部长办公会议通过，现印发你们，请认真贯彻执行。

司法行政强制隔离戒毒所强制隔离戒毒人员行为规范

第一章 总 则

第一条 为了规范司法行政强制隔离戒毒所强制隔离戒毒人员（以下简称戒毒人员）行为，教育引导戒毒人员养成良好行为习惯，促进戒毒人员顺利回归社会，根据《中华人民共和国禁毒法》、《戒毒条例》、《司法行政机关强制隔离戒毒工作规定》等法律、法规和规章，制定本规范。

第二条 戒毒人员行为规范是戒毒人员在所期间生活、学习、医疗康复、生产劳动时应当遵守的行为标准，是对戒毒人员进行诊断评估的重要依据。

第三条 戒毒人员应当遵守法律法规和本规范,服从强制隔离戒毒所工作人员的管理教育。

第四条 戒毒人员不得交流吸毒信息,不得传授犯罪方法,发现其他戒毒人员有违反规定和违法犯罪行为的,应当立即报告和制止。

第五条 戒毒人员应当正确行使权利,依法维护个人合法权益。

第二章 生活规范

第六条 保持个人卫生,定期换洗衣物、被褥。按规定统一着装,衣着整齐。

第七条 按时打扫宿舍卫生,洗漱用品及其他生活用品摆放整齐,保持环境整洁。

第八条 听到起床号令立即起床、整理内务。听到就寝号令立即按指定床位就寝,保持安静。

第九条 列队行进时保持队列整齐,不喧哗打闹。

第十条 就餐时按照指定位置入座,保持安静。爱惜粮食,不乱倒剩菜剩饭。

第十一条 自由活动时在规定区域内从事健康有益的活动。

第十二条 按照规定使用亲情电话或者网络视频通讯,不得使用无线、移动通讯设备。

第三章 学习规范

第十三条 遵守学习纪律,自觉维护课堂秩序。尊重教师,认真听讲。

第十四条 认真接受入所教育,学习强制隔离戒毒有关法律法规、强制隔离戒毒所所规所纪和戒毒人员权利义务等内容。

第十五条　按时完成学习任务，接受社会主义核心价值观、卫生、法治、道德和形势政策等教育。

第十六条　认真参加职业技能培训和职业技能鉴定，掌握实用技能，增强就业能力。

第十七条　认真参加强制隔离戒毒所组织的文娱活动，阅读健康有益书刊。按规定收听、收看广播电视，使用内部计算机网络。

第十八条　认真接受出所前的回归社会教育，学习戒毒康复、戒毒药物维持治疗等相关知识，参加强制隔离戒毒所组织到戒毒康复场所及戒毒药物维持治疗场所的参观、体验活动。

第四章　医疗康复规范

第十九条　如实陈述病情，配合医务人员做好各项检查和治疗，不自伤自残。遵照医嘱按时服药，不私藏药品。

第二十条　积极参加心理辅导和心理治疗，逐步改善和消除心理问题。

第二十一条　积极参加康复训练，正确使用训练器材，恢复身体机能，重塑健康体格。

第五章　生产劳动规范

第二十二条　按时参加康复劳动，遵守操作规程，按照规定佩戴、使用防护用品。

第二十三条　按照规定区域、工位参加劳动，不擅自串岗离岗。

第二十四条　爱惜生产工具、生产材料和生产设施，发现工具遗失应当立即报告。

第六章 文明礼貌规范

第二十五条 言谈举止文明，使用文明用语。规范称呼，戒毒人员之间称呼姓名。

第二十六条 尊重警察、医务人员、管理服务人员、来宾和其他戒毒人员，相遇时主动礼让。进入警察、医务人员、管理服务人员办公室应当敲门并喊报告，经准许方可进入。

第二十七条 诚信友善，团结互助，建立和谐人际关系。

第七章 附　则

第二十八条 本规定自印发之日起施行。

司法部关于印发《司法行政强制隔离戒毒所安全警戒工作规定》的通知

(2014年11月3日 司发通〔2014〕123号)

各省、自治区、直辖市司法厅(局),新疆生产建设兵团司法局:

为切实做好司法行政强制隔离戒毒所安全警戒工作,根据《中华人民共和国人民警察法》、《中华人民共和国禁毒法》、《戒毒条例》以及《司法行政机关强制隔离戒毒工作规定》等法律、行政法规、规章,研究制定了《司法行政强制隔离戒毒所安全警戒工作规定》。现予以印发,请认真贯彻执行。

司法行政强制隔离戒毒所安全警戒工作规定

第一条 为维护强制隔离戒毒所所内秩序,提高强制隔离戒毒场所安全管理工作水平,根据《中华人民共和国人民警察法》、《中华人民共和国禁毒法》、《戒毒条例》以及《司法行政机关强制隔离戒毒工作规定》等法律、行政法规、规章,制定本规定。

第二条 安全警戒工作应当坚持依法规范、预防为主、联防联动、处置高效的原则。

第三条 强制隔离戒毒所应当加强安全警戒工作,建立安全警戒护卫机构，发挥警戒护卫作用，维护场所秩序和安全。

第四条 强制隔离戒毒所应当按照强制隔离戒毒人员总数的2%-3%的比例在正式人民警察编制中选配专兼职安全警戒人员，其中专职人员不得少于安全警戒人员总数的60%，40周岁以下人民警察比例不得少于安全警戒人员总数的50%。

强制隔离戒毒人员总数在500人以下（不含500人）的强制隔离戒毒所，配备安全警戒人员数不得少于10人；强制隔离戒毒人员总数在500人以上1000人以下（不含1000人）的强制隔离戒毒所，配备安全警戒人员数不得少于16人；强制隔离戒毒人员总数在1000人以上的强制隔离戒毒所，配备安全警戒人员数不得少于20人。

收治女性强制隔离戒毒人员的强制隔离戒毒所，应当配备适当数量的女性人民警察从事安全警戒工作。

第五条 承担安全警戒工作的人民警察应当政治坚定，身体健康，作风过硬，业务精通。

第六条 安全警戒护卫机构的职责和任务是：

（一）负责强制隔离戒毒所戒治区门前警卫工作，做好出入所人员、车辆查验、登记等工作；

（二）负责警戒执勤工作；

（三）负责强制隔离戒毒所所区及围墙内外的巡逻、检查，协助清查违禁物品；

（四）负责视频监控工作；

（五）组织或者参与强制隔离戒毒人员转移、调遣工作；

（六）组织或者参与制定突发事件应急预案，定期开展演练，参与防范和处理强制隔离戒毒所各类突发事件；

司法部关于印发《司法行政强制隔离戒毒所安全警戒工作规定》的通知

（七）完成其他安全警戒工作任务。

第七条 安全警戒护卫机构应当加强与强制隔离戒毒所其他业务科（室）以及大队之间的配合，建立业务协作机制。

第八条 强制隔离戒毒所应当加强与所在地公安、消防、街道办事处和乡镇人民政府等单位的联系，建立联防联动工作机制。

第九条 强制隔离戒毒所应当对承担安全警戒工作的人民警察严格管理，加强工作检查与警务督察。

第十条 强制隔离戒毒所应当建立严格的警械、武器、警用装备领发、保管、保养、携带、使用、检查、更换、收回等制度。

第十一条 安全警戒护卫机构应当认真组织开展政治理论、法律法规和安全管理、戒毒业务等知识学习，提高政治素质和业务能力。

第十二条 安全警戒护卫机构应当制定年度训练大纲和月训练计划，对承担安全警戒工作的人民警察开展队列、擒敌技术、警棍盾牌术、器械体操、武装越野等体能训练，开展警械、武器、交通、通讯工具使用及信息化应用等技能训练，提高实战能力和水平。

第十三条 安全警戒护卫机构应当建立健全登记、执勤、考核、奖惩、会议、请示、报告等制度，规范人民警察执法行为，提高执法执纪水平。

第十四条 承担安全警戒工作的人民警察应当着警服执勤，做到警容严整、仪表端庄。

第十五条 承担安全警戒工作的人民警察应当严格按照

《人民警察使用警械和武器条例》的规定使用警械和武器。

第十六条 承担安全警戒工作的人民警察失职渎职的,按照法律法规和有关规定处理;涉嫌犯罪的,移交司法机关依法追究刑事责任。

第十七条 各省、自治区、直辖市及新疆生产建设兵团司法行政机关可以根据本规定制定实施细则。

第十八条 本规定自印发之日起施行。

参考文献

一、四川省司法行政戒毒系统十一个地方标准

1. 《司法行政强制隔离戒毒场所生活卫生规范》
2. 《司法行政强制隔离戒毒场所所政安全管理规范》
3. 《司法行政强制隔离戒毒场所康复训练中心管理规范》
4. 《司法行政强制隔离戒毒场所教育矫正中心管理规范》
5. 《司法行政强制隔离戒毒场所诊断评估中心管理规范》
6. 《司法行政强制隔离戒毒场所心理矫治中心管理规范》
7. 《司法行政强制隔离戒毒场所标志》
8. 《司法行政强制隔离戒毒场所生产劳动现场管理规范》
9. 《司法行政强制隔离戒毒场所医疗中心管理规范》
10. 《司法行政强制隔离戒毒场所分区流转规程》
11. 《司法行政强制隔离戒毒场所戒毒工作基本模式规范》

二、相关著作

1. [美]曼瑟尔·奥尔森：《集体行动的逻辑》，陈郁、郭宇峰、李崇新译，格致出版社、上海三联书店、上海人民出版社1995年版。

2. 谭跃进、高世楫、周曼殊编著：《系统学原理》，国防科技大学出版社1996年版。

3. 薛澜、张强、钟开斌：《危机管理：转型期中国面临的挑战》，清华大学出版社 2003 年版。

4. ［美］霍华德·S. 贝克尔：《局外人：越轨的社会学研究》，张默雪译，南京大学出版社 2011 年版。

5. 韩丹：《吸毒与艾滋病问题的社会学研究：以江苏吸毒人群为例》，中国社会科学出版社 2011 年版。

6. 蔡仲淮：《完形疗法入门》，北京师范大学出版社 2012 年版。

7. 刘斌志：《艾滋病防治的社会工作研究》，中国社会科学出版社 2013 年版。

8. 韩跃红等：《生命伦理学维度：艾滋病防控难题与对策》，人民出版社 2011 年版。

9. 雷小政等：《守护那朵蓝莲花：中国艾滋病人管理的人文关怀与法律保障》，法律出版社 2014 年版。

10. ［荷］乌里尔·罗森塔尔、［美］迈克尔·查尔斯、［荷］保罗·特哈特编：《应对危机：灾难、暴乱和恐怖行为管理》，赵凤萍译，河南人民出版社 2014 年版。

11. ［英］戴维·曼恩：《完形治疗 100 个关键点与技巧》，窦东徽、李雪燕译，化学工业出版社 2017 年版。

三、相关论文

1. 杨玲、朱雅雯、李建升：《艾滋病污名研究述评》，载《西北师大学报（社会科学版）》2007 年第 4 期。

2. 毛斌：《艾滋病综合防治工作中的公共管理理论应用与探讨》，载《实用预防医学》2008 年第 5 期。

3. 孟金梅：《澳大利亚艾滋病防治的社会环境》，载《中国艾滋病性病》2009 年第 1 期。

4. 范斌：《对强制隔离戒毒场所艾滋病人员管理对策研究》，载《云南警官学院学报》2010 年第 3 期。

5. 耿柳娜、赵群：《正念对艾滋病污名的影响：吸毒人群的证据》，载《中国临床心理学杂志》2013 年第 6 期。

6. 郭金华：《与疾病相关的污名——以中国的精神疾病和艾滋病污名为例》，载《学术月刊》2015 年第 7 期。

7. 周秀银：《病残吸毒人员收治困境分析》，载《中国刑警学院学报》2017 年第 6 期。

8. 刘英耀：《戒毒场所习艺劳动教育创新的实践与反思》，载《广西警察学院学报》2017 年第 6 期。

9. 曹越等：《中国医务人员艾滋病污名现状 meta 分析》，载《中国公共卫生》2018 年第 8 期。

10. 莫志刚：《对吸毒人员艾滋病健康教育效果分析》，载《西藏医药》2018 年第 6 期。

11. 王晓晓：《"危害最小化"的治毒政策及其借鉴意义》，载《辽宁大学学报（哲学社会科学版）》2019 年第 2 期。

12. 马立骥、胡钟鸣：《构建以戒治戒毒人员不良心理为目标的"修心教育"心理矫治体系》，载《中国司法》2019 年第 4 期。

13. 段文杰等：《基于未感染者与感染者双重视角的艾滋病污名》，载《心理科学进展》2021 年第 2 期。

14. 雷小政、闫姝月、周长维：《艾滋病防治中对优先人群的"去污名化"与特殊保障》，载《医学与法学》2023 年第

1 期。

15. 雷小政、闫姝月：《重大传染病患者涉罪的社会危险性评估与程序应对》，载《暨南学报（哲学社会科学版）》2023 年第 10 期。